12328电话知识库系统设计与数据采集方案

胡铁钧　王海洋　陈伟伟　等　编著

人民交通出版社股份有限公司
China Communications Press Co.,Ltd.

内 容 提 要

12328 知识库是 12328 电话话务员在信息咨询业务应答时需要运用的技术工具，是实现即时、高效、规范应答须采用的技术手段。成熟的 12328 电话知识库原则上应包含交通运输领域所有与百姓关系密切、可能被社会公众问及的知识，并结合便捷高效的技术展现形式，为社会公众提供规范高效的咨询应答服务。本书主要介绍了 12328 知识库构建的技术架构、知识类型、数据采集方式，以及基础操作说明。

图书在版编目(CIP)数据

12328 电话知识库系统设计与数据采集方案 / 胡铁钧，王海洋，陈伟伟等编著. — 北京：人民交通出版社股份有限公司，2019.5

ISBN 978-7-114-15490-4

Ⅰ. ①1… Ⅱ. ①胡…②王…③陈… Ⅲ. ①交通运输业—知识库系统—设计方案—研究—中国②交通运输业—知识库系统—数据采集—研究—中国 Ⅳ. ①F512.3

中国版本图书馆 CIP 数据核字(2019)第 074030 号

书　　名：12328 电话知识库系统设计与数据采集方案
著 作 者：胡铁钧　王海洋　陈伟伟　等
责任编辑：陈　鹏
责任校对：尹　静
责任印制：张　凯
出版发行：人民交通出版社股份有限公司
地　　址：(100011)北京市朝阳区安定门外外馆斜街 3 号
网　　址：http://www.ccpress.com.cn
销售电话：(010)59757973
总 经 销：人民交通出版社股份有限公司发行部
经　　销：各地新华书店
印　　刷：北京虎彩文化传播有限公司
开　　本：720×960　1/16
印　　张：8.25
字　　数：118 千
版　　次：2019 年 5 月　第 1 版
印　　次：2019 年 5 月　第 1 次印刷
书　　号：ISBN 978-7-114-15490-4
定　　价：35.00 元

编委会名单

目　　录

第一章　12328 电话知识库概述

12328 电话知识库建设是为贯彻落实《交通运输部关于印发交通运输服务监督电话“12328”实施方案的通知》（交运发〔2014〕29 号）和《交通运输部办公厅关于做好 12328 交通运输服务监督电话系统建设工作的通知》（厅函运〔2014〕167 号）有关精神，完善 12328 电话系统建设，按照《12328 交通运输服务监督电话系统工程建设指南》（以下简称“12328 电话建设指南”）中关于建设“全国共性基础知识库”（以下简称“部级知识库”）的要求，建设 12328 电话知识库系统，为 12328 电话实时信息咨询工作的开展提供部级数据支撑，为尽快实现部、省、市三级知识库业务流转机制奠定基础。

一、12328 电话知识库及部、省、市级知识库

1）12328 电话知识库及其功能

12328 电话知识库是 12328 电话话务员在信息咨询业务应答时需要运用的技术工具，是实现即时、高效、规范应答须采用的技术手段。成熟的 12328 电话知识库原则上应包含交通运输领域所有与百姓关系密切、可能被社会公众问及的知识，并结合便捷高效的技术展现形式，为社会公众提供规范高效的咨询应答服务。

依托知识库具体开展电话业务的过程中，12328 电话话务员在接到公众的信息咨询来电后，随即打开知识库，查询知识库的相关内容，通过知识库能直接回复的，即时答复并形成业务记录；不能即时答复的，则形成工单由业务部门予以转办，话务员信息咨询受理流程与知识库运用的关系如图 1-1 所示。这是 12328 电话在实际工作中最直接的运作方式。

12328 电话知识库也是重要的交通运输公众信息发布渠道，如业务部门

需及时通知公众的业务办理政策变更信息、临时性的政策规定、有必要及时通知的交通阻断、公交改线、拥堵提示等各类需及时更新维护的信息，也可放于知识库中典型案例板块。通过知识库的知识管理功能，还可实现对常见问题处理经验等信息的自动归类等，经分析审核，可形成能随时调用的有价值的知识信息，也可筛选出被咨询频次较高的信息，发布给公众，进一步便民利民。

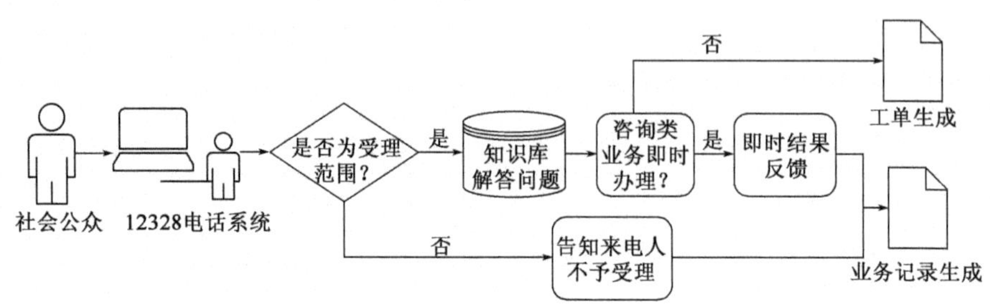

图 1-1 信息咨询受理流程与知识库运用示意图

2)业务数据与知识数据之间的关系

12328 电话系统数据资源包括业务数据和知识数据两大基础资源体系，分别归属于 12328 电话业务库与 12328 电话知识系统。其中业务数据主要依托 12328 电话系统中的投诉举报、信息咨询、意见建议等类型业务工单生成，知识数据则主要依托知识库知识的采集、维护与在 12328 电话业务中的运用不断积累与滚动更新生成，其中运用生成是指经由投诉举报、信息咨询、意见建议等业务工单办结后，将其中有价值的知识归纳整理并审核入库。

根据《12328 电话建设指南》，12328 电话业务数据与知识数据横向协同，知识数据为 12328 电话业务系统提供实时信息咨询支撑，业务系统形成的业务数据也可以通过审核后生成有效的知识数据。业务数据和知识数据在部、省、市之间纵向贯通，资源共享。业务基础数据自下而上逐级汇聚，为统计分析提供支撑。

3)基础知识数据与特色知识数据及部、省、市级知识数据流转

12328 电话知识数据由基础知识数据和特色知识数据组成。知识数据自上而下逐级汇聚，部级生成全国共性基础知识库，将全国共性知识分享给省级；省级汇聚全国共性基础知识和省级特色知识生成省级共性基础知识

库,并将省级共性知识分享给本行政区内的地市使用。地市知识库形成的新知识数据,经审核后上报至省级共性基础知识库,再由省级共性基础知识库审核后上报给部级共性基础知识库,经审核后形成全国共性基础知识供全国使用(图 1-2)。基础知识数据与特色知识数据之间的关系如图 1-3 所示。

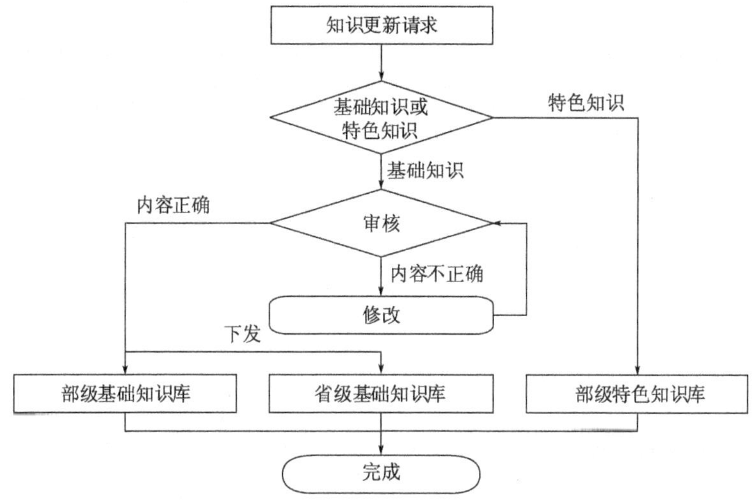

图 1-2 12328 电话两大数据资源体系

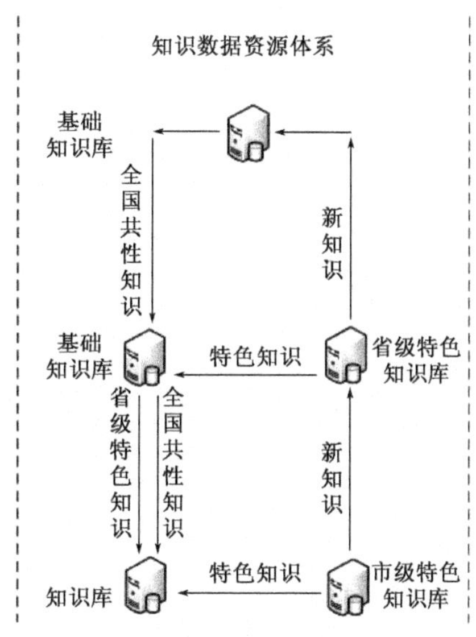

图 1-3 12328 电话系统知识数据资源体系框架图

二、建设12328电话知识库的目的

根据《12328电话建设指南》，12328电话系统的建设拟达到“建立顺畅便捷的民情反映与信息服务渠道”“解决人民群众信息咨询不方便等问题”“创新管理方式，为社会公众参与交通运输服务监督提供一个交流互动平台”等目的，对于12328电话信息咨询业务的开展也提出较高的要求。主要体现在：

首先，要建设“顺畅快捷的信息服务渠道”，需要有规范高效的技术手段予以支撑。目前，全国大部分地区12328电话话务员处理信息咨询业务，主要依靠培训所掌握的知识和纸质材料、一些松散不系统的电子资料，查询手段较为原始。面对当前人民群众出行需求逐渐高涨、信息技术依赖度越来越高的趋势，12328电话信息咨询业务的开展需要有高效的技术支撑，从而保障信息服务渠道的顺畅快捷。

其次，“创新管理方式”，需要政府部门能够借助一定的技术手段，进一步贴近百姓，了解民众需求，并能借助一定的技术分析，掌握交通运输发展需求，更好地为群众提供交通运输公共服务。

最后，信息技术的发展以及人民群众权利意识的提高，使得政府部门需要有更加顺畅的信息交流机制，能为百姓提供更加及时的信息咨询服务，因此，通过提供信息交流互动的平台，有助于政府部门更好地与百姓沟通，提高政府部门舆情预防与化解的能力，从而显著提升服务水平。

以上这些要求，不仅对话务员提出了信息咨询应答时效性的要求，也提出了问题解答准确、规范的要求。要达成这些目标，就必须依托知识库这一技术手段。结合知识库，话务员可提升对交通运输行业相关政策法规、行政执法等信息咨询的解答能力，提高即时答复率，保证解答的时效性和权威性。

三、12328电话知识库的作用

12328电话知识库的直接使用者为12328电话话务员，服务受众为社会公

众。如前所述，通过 12328 电话知识库的运用，有助于显著提升行业服务水平和政府管理水平，因此间接获益的还包括交通运输从业者，以及交通运输行业管理部门。从这四个角度，12328 电话知识库的功能作用可体现为：

对话务员而言，首先是通过运用知识库，能保证作答的时效性；其次，由于交通运输涵盖面广，信息量巨大，话务员仅凭记忆难以全面掌握，通过知识库的作答，有助于提高应答的准确性和专业性，避免应答口径不一致所造成的偏差与误解；再次，知识库作为信息化技术，能显著提升信息咨询服务效率，保障 12328 电话业务的高效运转；最后，知识库信息更新机制也有助于话务员的应答与时俱进，满足不同时期信息咨询业务开展的需要，显著提升信息服务水平。

对社会公众而言，通过知识库，人民群众可获取最新、最准确、较实用的交通运输知识信息和服务信息，有助于使出行、货运物流等交通运输行为更加便利；其次，人民群众可获取权威的专业解释，有助于释疑解惑，进一步理解交通服务方式，更好地接受交通运输服务。

对行业管理部门而言，首先，通过知识库能提供更加及时高效的沟通交流机制，加深与群众之间的交流理解，有助于预防或及时消化行业舆情，防范或避免群体事件的发生；其次，知识库也是管理部门非常有效的辅助决策手段，通过与群众信息交流和相关数据统计分析，有助于进一步提升管理部门的决策能力，提升管理水平。

对交通运输从业者而言，首先，知识库作为群众与交通运输从业者对接的窗口，各种有效服务信息的及时应答，有助于群众更好地接受交通运输服务，进一步提升交通运输满意度；其次，通过信息咨询数据的分析，有助于交通运输从业者发现问题、改进服务，从而进一步提升服务水平。

四、12328 电话知识库涵盖的业务范围

12328 电话知识库涵盖公路、水路、道路运输（含城市客运）、海上搜救、海事、救助打捞等业务领域，各领域业务事项具体包括：

（1）公路业务：包括规划立项、工程建设、质量安全、建设市场、路网服

务、公路收费、养护保通、技术管理、路政执法等子业务；

(2)水路业务：包括水路旅客运输、水路货物运输、港口管理、航道管理、规划立项、工程建设、质量安全、建设市场、技术管理、水路执法等子业务；

(3)道路运输业务：包括道路旅客运输、道路货物运输、枢纽场站、车辆技术管理、汽车维修、机动车驾驶员培训、汽车租赁、国际运输、运政执法等子业务；

(4)城市客运业务：包括公共汽电车、城市轨道、出租汽车、城市轮渡、运政执法等子业务；

(5)海上搜救业务：包括人命救助、环境救助、财产救助等子业务；

(6)海事业务：包括通航管理、船舶监督、船舶检验、船员管理、安全监督、危管防污、企业安全审核、航海保障、海事执法等子业务；

(7)救助打捞业务：包括打捞行业管理、潜水员管理、救捞标准、水下工程标准、救捞技术咨询等子业务。

12328 电话知识库业务框架如图 1-4 所示。

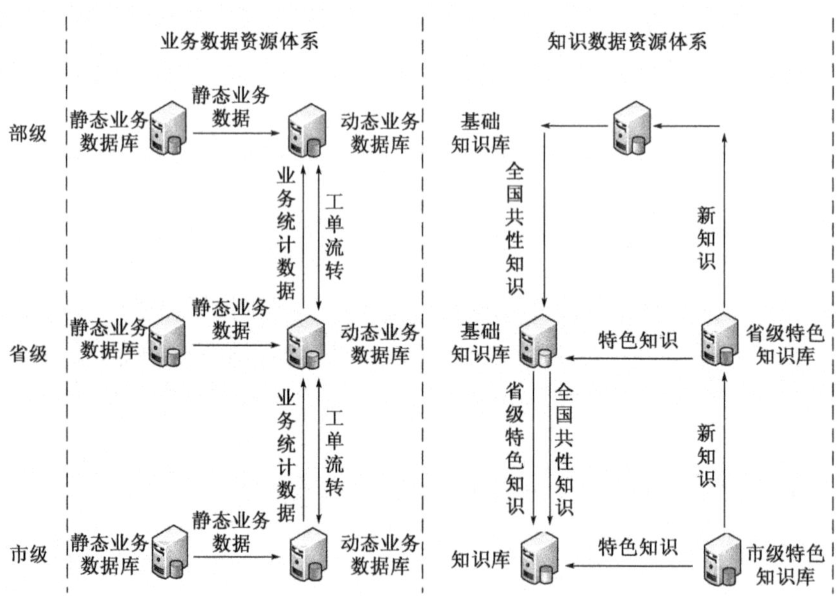

图 1-4 12328 电话知识库业务架构示意图

第二章　12328 电话部级知识库架构与主要内容

知识库的直接使用者，为各地直接面向公众的一线电话业务受理人员，且知识库是直接为各地群众服务的。因此，各地知识库的范围、内容、侧重点等差异很大，知识库的搭建必须满足各地知识体系差异化的要求。同时，为保障部、省、市知识流转，以适应未来共性知识推送与共享的要求，须通过建设全国基础共用的知识库技术架构，使各地的知识库在内容上兼容并蓄，而在技术架构上求同存异（一、二级同，三级及以下异）。在知识体系建设方面，各地须在基础共用知识架构的基础上，梳理本地知识，形成本地知识库。

一、12328 电话部级知识库构成

12328 电话知识库主要包括知识库技术架构和知识数据两部分。知识库架构是指知识的技术体现形式，包括基本业务数据库（也称“知识库子库”或“子库”）构成、各子库目录树、知识库功能模块等部分。知识库技术架构须结构清晰，功能界面简洁实用，后台功能支撑充分，且部、省、市级知识库之间衔接顺畅。同时为保证部、省、市级知识库的相互流转，应尽可能保证各级知识库架构统一。部级知识库架构为全国基本共用的技术架构，各地可在此基础上进一步细化与拓展。

知识数据为按照前述技术架构并结合数据采集规范要求所形成的知识，结合 12328 电话信息咨询业务开展的需要，在征求各地意见的基础上，目前的 12328 电话知识数据分为问题解答、办事指南、政策文件、通知公告、机构信息、典型案例六个类别，分别以基础业务数据库的形式分装到知识库，即问题解答库、办事指南库、政策文件库、通知公告库、机构信息库、典型案例库六

个子库。

从功能上看，12328 电话知识库系统具备知识采集、知识审核、知识发布、知识维护、编码管理、系统管理、知识检索、知识展现等功能。未来随着知识库的运行，将在知识滚动积累的基础上，进一步完善知识生命周期管理，并结合结构化和非结构化数据，对图文、表格等多种类型数据知识进行采编、查询和管理。知识库系统一方面可作为一个独立系统，提供信息查询服务，另一方面可通过与电话管理系统整合，结合具体业务运行数据的积累，实现相关知识信息的动态更新。12328 电话知识库构成与功能架构如图 2-1 所示。

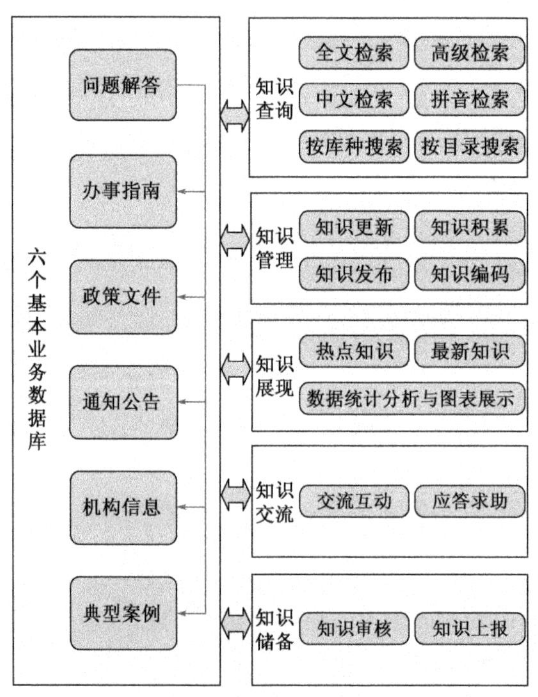

图 2-1　12328 电话知识库构成与功能架构示意图

二、六个基本业务数据库（知识库子库）构成

六个基本业务数据库内容相互独立，但将来随着业务发展的需要，可考虑实现各库内容之间的相互调用。主界面上的搜索栏为各库知识内容查询

的主入口，输入关键词后，可单库搜索，也可多库搜索，如图2-2所示。

图2-2　主界面搜索栏

各个基本业务数据库（后称“子库”）的知识内容主要有：

1）问题解答库

问题解答库用于存放各种可能会被问到的问题及解答依据，是话务员解答信息咨询问题时，进入知识库查询的首要选择，是所有子库中最常用、最基本的库。

问题解答库所涉及的内容主要为当前贴近百姓切身利益、社会公众较为关注、政府部门出于管理需要必须予以解释说明、与其他交通运输从业者有一定关联的事项等。原则上，除具有实时动态性、时效性强以及其他等不便于即时回复的问题外，在业务开展中可能被问到的问题，都可通过问题解答库查询。问题解答库的完善程度，很大程度上决定了信息咨询业务的即时答复率。

在初装期，知识库问题解答库可考虑通过对相关的政策文件、通知公告、相关专题等各类可靠的材料，通过知识点拆解、问题与答案设计的方式形成（附件为对某政策文件进行知识点拆解、问题与答案设计的案例）。随着咨询业务的逐步拓展，应结合业务实际，及时总结归纳知识入库。有条件的地区可考虑通过交通主管部门协调各业务部门，建立知识共同维护机制，依托业务部门形成更为权威有效、时效性更好的知识。常见问题库如图2-3所示。

2）办事指南库

办事指南库主要存放各类交通运输业务办理信息，可考虑结合实际需求，将各类办事指南相关基本信息纳入该库，也可通过与相关业务网上办理系统对接，实现相关知识的查询。办事指南库如图2-4所示。

图 2-3　常见问题库

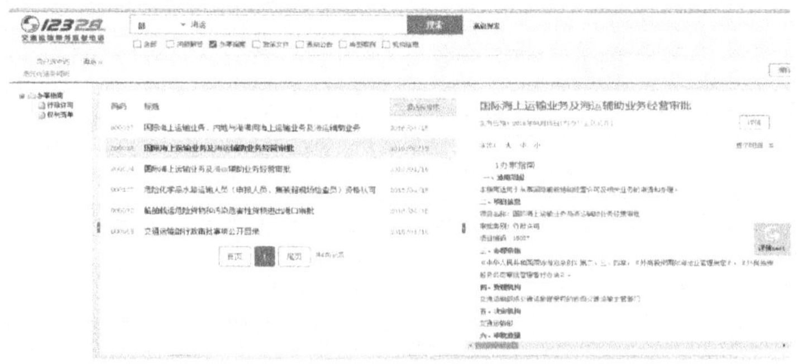

图 2-4　办事指南库

3)政策文件库

用于存放与各类交通运输业务相关的政策文件,包括各类交通运输法律法规、规章制度、标准规范、业务办理等政策文件。目前,部级知识库政策文件内容包含以下三个层面:

一是由交通运输部上级机关制定的、适用于各个行业且与交通运输业相关的法律法规文件,如《中华人民共和国行政处罚法》《中华人民共和国行政强制法》等。对于与行业密切相关的文件,将逐条进行知识点拆解与设计问题,并放入常用问题库;对于部分相关的,在初装期仅对相关条款进行拆解与设计问题,并放入常用问题库。

二是由交通运输部或交通运输部与其他部委联合发布的政策规章文件,以及交通运输部上级机构发布的交通运输法律法规和行政规章文件,如公路法、港口法等。同时,对于文件中条款进行知识点拆解,所拆解的知识点与问题解答库中与之相关的问题实现关联,所拆解的知识点将在行业法规库的目录树的第三级目录中体现。

三是与交通运输各项业务相关的、行业内外的政策规章、规范性文件等。政策文件库如图2-5所示。

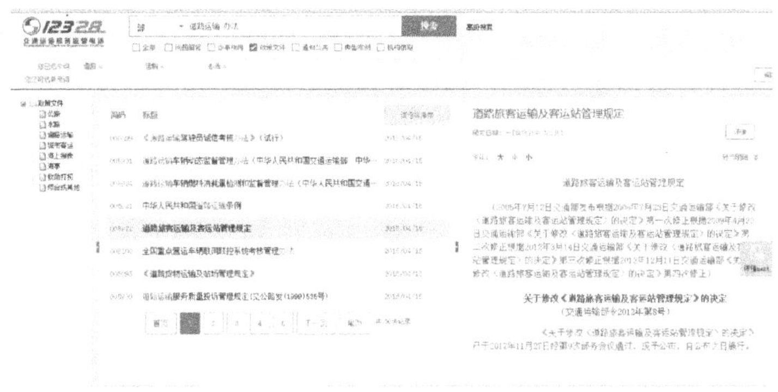

图2-5　政策文件库

4)通知公告库

用于存放以通知、公告等,由有关单位发布的与交通运输业务相关的事项。为方便话务员及时知晓,当日发布的通知将在知识库主界面滚动显示。通知公告库如图2-6所示。

图2-6　通知公告库

5)机构信息库

办事机构信息除在办事流程库中显示以外,所有相关办事机构信息一并显示于机构信息库。为便于信息维护,若发生变更,需同步修改办事流程中的相关信息。机构信息库如图2-7所示。

图2-7 机构信息库

6)典型案例库

该库内容相对灵活,实际工作中有需要且不便存放于前述五个库的知识信息,可存放于典型案例库。建议尽可能结合本地业务进行目录梳理。该库可包括典型问题回答脚本、各类实时动态信息、业务办理政策变更信息、临时性的政策规定、有必要及时通知的交通阻断、公交改线、拥堵提示等各类需及时更新维护的信息等,具体内容、形式不限。

三、12328电话知识库系统功能构成

12328交通运输服务监督电话知识库以知识的采集、审核、发布、检索、展现、变更、统计,构成知识不断向前递进的更新过程。各功能模块的具体介绍详见附件。

1)知识查询功能

问题解答功能通过在搜索栏输入关键词,使用六个基本业务数据库中的一个或多个来实现。对知识的检索,包含全文检索、高级检索、中文检索、智能切词、拼音检索等,并可实现按库种及按目录搜索等功能,被检索的关键词在文档中高亮显示等。

2)知识管理功能

实现对基础知识或特色知识的管理,包括知识更新维护、信息审核、上报

与发布、知识检索、知识编码等功能。

知识更新维护功能实现对政策标准、业务办理流程以及常见问题处理经验等知识信息进行自动归类整理，经审核形成可以随时调用的有价值的知识信息。

对于新知识，如新发布的政策条文、更新的行政机构信息等，提供新知识数据的采集、审核、入库功能；对于陈旧知识，提供被更新知识提示、审核合并、入库，以及旧知识的废止功能；对于被反复问到问题或问题类型的总结归纳功能：按关键词自动归类统计，常用问题按被问及次数排序并在常用问题栏目中显示；新问题按问题类型自动分类，并按各类型被问及次数排序，在常用问题中显示。

知识编码主要指结合知识分类管理的需要、同义词搜索知识的需要、按关键词搜索知识的需要，对各业务库中的内容进行特定的编码处理。

3）知识展现功能

提供热点知识和最新知识展示、数据统计分析图表等知识展现功能。

热点知识和最新知识两者均按重要性展示于主页面，以提示话务员，帮助其巩固新知识，并便于其调用与解答。

数据分析图表等知识展现功能，包括按类别分析与展现、典型问题不同地域数据分析与展现等功能。

4）知识交流功能

为话务员提供一个日常互动交流与学习充电的空间，话务员可在工作开展过程中，在该空间就信息咨询业务开展中的问题进行相互交流，针对政策标准、业务办理流程以及常见问题处理经验等知识信息进行归类整理。经审核通过后，可形成本地随时调用的有价值的知识信息，也可结合审核上报流程，进一步形成全国、省级基础共用知识。

5）知识储备功能

知识储备功能包括各地 12328 电话机构知识储备，以及共用知识的逐级向上报送。

储备的知识可包括（不限于）：话务员在业务开展过程中积累的可供同

级其他话务员共享、沟通交流的新知识；已由业务部门回复并办结的，具有留存价值的知识信息等。新知识若认为有必要纳入知识库，可提交审核，通过后可纳入常用问题知识库并予以发布。

为保证入库知识正确、规范、有效，在发布之前应履行审核程序，包括12328电话服务中心审核、地市级交通运输主管部门审核，以作为地市级基础共用性知识予以发布；省级电话服务中心审核、省级交通运输主管部门审核，以作为省级基础公用性知识予以发布；以及部级审核，以作为全国基础共用性知识予以发布。

四、目录树设计思路

目录树模块功能是让用户可以通过单击目录树的方式，查询指定所属类别下的知识。用户在目录树上选择某个节点时，搜索框下方自动显示该节点的下级节点作为备选词，供用户快速选择。当搜索框内输入文字，并联想出若干关键字后，选中某个关键字，目录树自动展开并定位到该关键字所在的位置。图2-8为目录树示意图（目前仅到二级目录，在数据入库前将完成三级目录）。

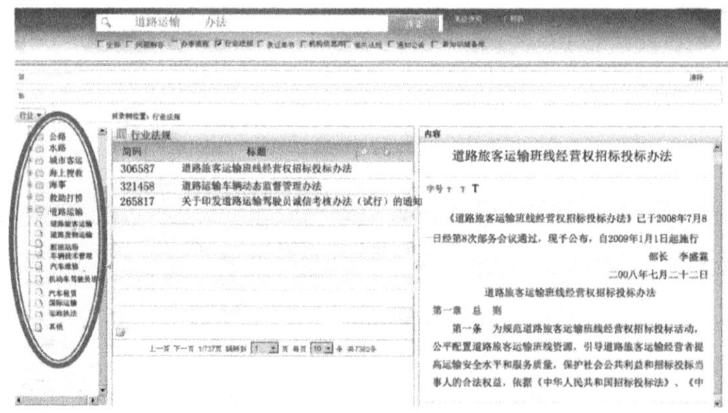

图2-8　目录树示意图

1）目录树的作用

目录树的作用主要为：一是查询时的导航作用；二是提供便于数据统计分析的口径；三是目录树细化的程度，尤其是结合相关统计指标设计，可为将来的特定类型数据的提取、数据挖掘、大数据分析奠定基础。

2）目录树的设计思路

目录树的设计思路为梳理各业务库中的具体内容，在对内容进行归纳分类，以及提炼各类别名录的基础上，确定各库目录树。除常用问题库一、二级目录以《12328 电话系统建设指南》中业务领域划分及领域内各事项划分为依据以外，其他将在对各库内容进行全面梳理的同时予以确定。

3）目录树设置

为数据统计方便，部级知识库目前暂为一、二级，分别代表领域和各领域下的事项。各地可在一、二级目录的基础上，结合本地实际设置三级（或以上）目录，但为数据统一的需要应做好与一、二级目录之间的归口。

4）问题解答库目录树（目前仅一级、二级目录）

作为最基础最常用的入口，问题解答库的目录树考虑交通运输业务领域划分与各领域事项特点，一、二级目录划分如图 2-9 所示。

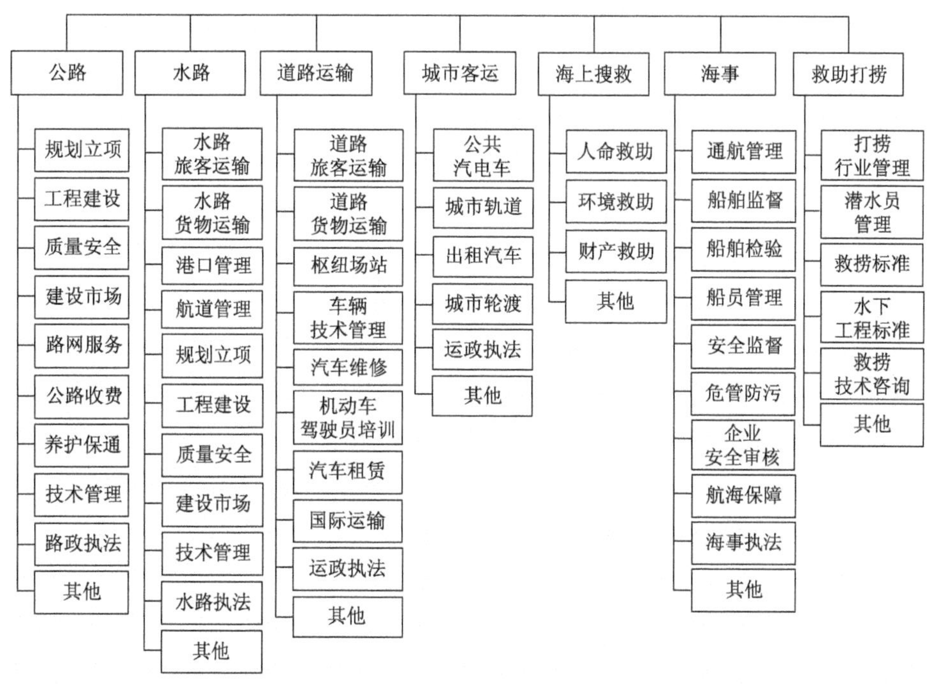

图 2-9　问题解答库目录树结构（仅显示到二级目录）

第三章　问题解答库知识点拆解与常用问题设计案例

按照六个基本业务数据库的功能定位，办事指南库、政策文件库、通知公告库、机构信息库和典型案例库，均以现存知识信息为主。但在初装期，问题解答库则涉及知识点拆解、问题设计与答案整理等工作，知识库问题解答库中的大量常用问题以及常用问题库目录树第三级别目录所挂接的知识点，均来源知识点拆解与常用问题设计。本部分以《道路运输车辆技术管理规定》这一政策文件为例，介绍部级知识库中各知识点拆解与常用问题设计的思路与过程（表3-1）。

本部分的拆解方式仅为部级知识库中涉及政策文件的常用问题设计方式，各地如需开展类似工作，可结合本地实际，采取更合理可行的方案。

表 3-1

知识点拆解与问题设计示例

名　　称：道路运输车辆技术管理规定
文　　号：2015 年 8 月 1 日　　发布机构：交通运输部
发文日期：2015 年 07 月 02 日　　主题分类：交通运输部部门规章
索 引 号：2015-00601　　主 题 词：道路运输车辆；技术管理；规定

知识点	条文	问题设计	关键词	备注
	第一章　总　则			
	第一条　为加强道路运输车辆技术管理，保持车辆技术状况良好，保证运输安全，发挥车辆效能，促进节能减排，保障道路运输业健康可持续发展，根据《中华人民共和国安全生产法》《中华人民共和国节约能源法》《中华人民共和国道路运输条例》等法律、行政法规，制定本规定。			
适用范围	第二条　从事道路运输经营、道路运输车辆维修、综合性能检测业务的，以及对其实施监督管理的相关单位和人员，应当遵守本规定。	《道路运输车辆技术管理规定》的适用范围有哪些？	适用　范围 维修　检测	
道路运输车辆定义	第三条　本规定所称道路运输车辆包括道路旅客运输车辆（以下简称客车）、道路普通货物运输车辆（以下简称货车）、道路危险货物运输车辆（以下简称危货运输车）。	《道路运输车辆技术管理规定》中道路运输车辆包括哪些车辆？	旅客　普通 危险　货物	

续上表

知识点	条　　文	问 题 设 计	关　键　词	备　　注
	第一章　总　　则			
	第四条　道路运输车辆技术管理应坚持分类管理、预防为主、安全高效、节能环保、技术与经济相结合的原则。			
经营者职责	第五条　道路运输经营者是车辆技术管理的主体，负责对车辆实行择优选配、正确使用、周期维护、视情修理、定期检测、适时更新的全过程管理。	道路运输经营者的主要职责有哪些？	经营者　职责　修理　检测　管理	
	第六条　鼓励道路运输经营者使用安全、节能、环保型车辆，促进标准化车型推广运用，加强科技应用，不断提高车辆管理水平和技术水平。			
管理机构	第七条　交通运输部主管全国道路运输车辆技术管理工作。 县级以上交通运输主管部门负责组织领导本行政区域内道路运输车辆技术监督管理工作。 县级以上道路运输管理机构负责具体实施道路运输车辆技术监督管理工作。	交通运输部负责道路运输车辆技术管理的哪些工作？ 县级以上交通运输主管部门负责道路运输车辆技术管理的哪些工作？ 县级以上道路运输管理机构负责道路运输车辆技术管理的哪些工作？	车辆技术　管理　机构　实施 县级以上　主管　行政　区域 县级以上　行政　机构　工作	

续上表

知识点	条　文	问题设计	关键词	备　注
	第二章　一般要求			
车辆要求	第八条　从事道路运输经营的车辆应当符合下列要求： （一）取得《机动车行驶证》和车辆号牌； （二）车型的燃料消耗量限值应符合《营运客车燃料消耗量限值及测量方法》（JT 711）、《营运货车燃料消耗量限值及测量方法》（JT 719）的要求，车型符合交通运输部公布的道路运输车辆燃料消耗量达标车型公告； 本款规定只适用于以汽油、柴油为单一燃料的道路运输车辆； （三）车辆的外廓尺寸、轴荷和载质量应符合《道路车辆外廓尺寸、轴荷及质量限值》（GB 1589）的要求； （四）车辆的技术性能应符合《道路运输车辆综合性能要求和检验方法》（GB 18565）的要求； （五）车辆技术等级应达到二级以上，其中危货运输车、国际道路运输车辆，以及从事高速公路客运或营运线路长度在800公里以上客车的技术等级应达到一级。其技术等级评定方法应符合《道路运输车辆技术等级划分和评定要求》（JT/T 198）的要求； （六）从事高速公路客运、包车客运、国际道路旅客运输，以及营运线路长度在800公里以上客车的类型等级应达到中级以上；其类型划分和等级评定应符合《营运客车类型划分及等级评定》（JT/T 325）的要求； （七）危货运输车应符合《汽车运输危险货物规则》（JT 617）的要求。	从事道路运输经营的车辆应当符合哪些要求？ 从事道路运输经营的车辆，车型的燃料消耗量限值应符合哪些要求？ 《道路运输车辆技术管理规定》只是用于用哪些燃料的道路运输车辆？ 从事道路运输经营的车辆，外廓尺寸、轴荷和载质量应当符合哪些要求？ 从事道路运输经营的车辆，技术性能应符合哪些要求？ 从事道路运输经营的车辆，技术等级有哪些要求？ 从事高速公路客运、包车客运、国际道路旅客运输，以及营运线路长度在800公里以上客车的类型等级应达到那个要求？ 从事高速公路客运、包车客运、国际道路旅客运输，以及营运线路长度在800公里以上客车其类型划分和等级评定应符合哪些要求？ 从事道路运输经营的车辆，危货运输车应符合哪些要求？	行驶证　车辆号牌　限值　外观尺寸　技术等级　危货车辆 车型　燃料　消耗量　限制　要求 燃料　汽油　柴油 外廓　轴荷　载质量　要求 技术　性能　要求 技术　等级　要求 高速　国际　旅客　长度　800公里　类型　等级　要求 高速　国际　旅客　长度　800公里　类型　划分　等级　评定 危货　车辆　要求	涉及表证单书：《机动车行驶证》 涉及法律法规：营运客车燃料消耗量限值及测量方法》（JT 711）《营运货车燃料消耗量限值及测量方法》（JT 719）《道路车辆外廓尺寸、轴荷及质量限值》（GB 1589）《道路运输车辆综合性能要求和检验方法》（GB 18565）《汽车运输危险货物规则》《汽车运输危险货物规则》（JT 617）

续上表

知识点	条　　文	问题设计	关键词	备　　注
	第二章　一般要求			
准入管理	第九条　道路运输管理机构应加强车辆准入管理，对不符合本规定的车辆不得配发道路运输证。 挂车应符合国家有关车辆安全运行条件及技术标准，在配发道路运输证和年度审验时，应查验车辆有效行驶证件。	道路运输管理机构应加强车辆准入管理，对不符合本规定的车辆能否配发道路运输证？ 对挂车配发道路运输证和年度审验时，是否需要查验车辆有效行驶证件？	管理　机构准入管理 挂车　运输证 年度审验	
禁止经营	第十条　禁止使用报废、擅自改装、拼装、检测不合格及其他不符合国家规定的车辆从事道路运输经营活动。	哪些道路车辆不能从事道路运输经营活动？	禁止　从事　改装 不合格	
	第三章　车辆管理、使用与维修			
经营者义务	第十一条　道路运输经营者应遵守有关法律法规、标准和规范，认真履行车辆技术管理的主体责任，建立健全管理制度，加强车辆技术管理。	道路运输经营者的主要义务有哪些？	经营者　遵守　法律 法规　义务	
车辆管理	第十二条　道路运输经营者应根据车辆数量和经营类别，配备车辆技术管理人员。道路运输企业应有相应的部门负责车辆技术管理工作，对车辆实施有效管理。	道路运输经营者应根据哪些内容配备车辆技术管理人员？	数量　类别 企业　管理	
业务培训	第十三条　道路运输经营者应加强车辆维护与使用、安全和节能等方面的业务培训，提升从业人员的业务素质和技能，确保车辆处于良好的技术状况。	对道路运输经营者在从业人员培训方面中有哪些要求？	从业　人员　业务 培训	

续上表

知识点	条　文	问题设计	关键词	备　注
	第三章　车辆管理、使用与维修			
车辆使用	第十四条　道路运输经营者应根据《道路运输企业车辆技术管理规范》，结合车辆技术状况和运行条件，正确使用车辆。	道路运输经营者应根据哪些规范制度运营车辆？	车辆　技术运行　条件　使用	涉及政务文件：《道路运输企业车辆技术管理规范》
车辆维护	第十五条　道路运输经营者应建立车辆（包括挂车）维护制度。 （一）车辆维护分为日常维护、一级维护和二级维护。日常维护由驾驶员实施，一级维护和二级维护由道路运输经营者组织实施，并做好记录； （二）道路运输经营者应根据车辆类别、行驶里程、道路条件、使用年限等因素，结合国家有关标准、车辆维修手册、使用说明书等，自行确定车辆维护周期，确保车辆正常维护。 车辆维护作业项目应参照《汽车维护、检测、诊断技术规范》（GB/T 18344）《压缩天然气营运车辆维护技术规范》（GB/T 27876）《液化石油气汽车维护、检测技术规范》（JT/T 511）等相关标准、车辆维修手册及车辆运用状况确定。 从事二级维护作业的道路运输经营者和二类以上机动车维修经营者，可自行实施二级维护竣工质量检验。	车辆维护的主要分类有哪些？ 道路运输经营者应根据哪些因素结合国家有关标准、车辆维修手册、使用说明书等，自行确定车辆维护周期，确保车辆正常维护？ 车辆维护作业项目应参照哪些相关标准、车辆维修手册及车辆运用状况确定？	车辆维护　质量检验　因素　标准　手册　说明书　维护　周期 维护　项目　运用　状况	涉及法律法规：《汽车维护、检测、诊断技术规范》（GB/T 18344）《压缩天然气营运车辆维护技术规范》（GB/T 27876）《液化石油气汽车维护、检测技术规范》（JT/T 511）

续上表

知识点	条　　文	问题设计	关　键　词	备　　注
	第三章　车辆管理、使用与维修			
车辆修理	第十六条　道路运输经营者应遵循视情修理的原则，根据实际情况对车辆进行修理。车辆修理应按国家、行业相关规定和技术标准、规范进行。	在车辆修理方面，对道路运输经营者的要求有哪些？	道路　经营者　车辆　修理　原则	
危货 车辆修理	第十七条　道路运输经营者运输剧毒化学品、爆炸品的专用车辆及罐式专用车辆（含罐式挂车），应到具备道路危险货物运输车辆维修资质的企业进行维修。 牵引车及其他专用车辆由道路运输经营者消除危险货物的危害后，可到具备一般车辆维修资质的企业进行维修。	在道路运输过程中，对危险品运输车辆维修方面的要求有哪些？ 牵引车及其他专用车辆由道路运输经营者消除危险货物的危害后，可到哪些企业进行维修？	危险品　车辆　维修 牵引车　专用　消除　危害	
经营者 合作	第十八条　机动车维修经营者应与道路运输经营者签订维修合同，明确双方权利义务、争议的解决办法，保证车辆维修竣工质量检验、出厂合格证和质量保证期等各项质量管理制度的落实。	机动车维修经营者和道路经营者之间的合作应遵从哪些要求？	机动车　维修　道路　运输经营者　合作	
技术 档案制度	第十九条　道路运输经营者应建立车辆技术档案制度。实行一车一档，档案内容应主要包括：车辆基本信息，车辆技术等级评定、客车类型等级评定或年度类型等级评定复核、车辆维护和修理（含《机动车维修竣工出厂合格证》）、车辆主要零部件更换、车辆变更、行驶里程、对车辆造成损伤的交通事故等记录。记录内容应准确、详实。 车辆所有权转移、转籍时，车辆技术档案应随车移交。 道路运输经营者应运用信息化技术做好道路运输车辆技术档案管理工作。	道路运输经营者应该对车辆技术管理实施哪种制度？ 道路运输经营者建立的车辆档案主要内容包括哪些内容？ 车辆所有权转移、转籍时，车辆技术档案应该如何处理？	车辆　技术　档案　制度 一车一档　内容 所有权　改变　档案　随车	

续上表

知识点	条　文	问题设计	关键词	备　注
	第三章　车辆管理、使用与维修			
车辆技术管理	第二十条　危险货物运输经营者和拥有10辆以上客车的道路旅客运输经营者应依据相关标准要求，制定车辆使用技术管理规范，科学设置车辆经济、技术定额指标并定期考核，提升车辆技术管理水平。	对危险货物运输经营者和拥有10辆以上客车的道路旅客运输经营者在车辆使用技术上的要求有哪些?	危货 10辆　以上　客车　标准　要求	
	第四章　车辆检测管理			
车辆综合性能检测	第二十一条　道路运输经营者应定期对道路运输车辆进行综合性能检测，确保车辆达到相应的技术等级要求。	对道路运输经营者在车辆综合性能检测的要求有哪些?	综合　性能　检测　技术　等级	
检测机构	第二十二条　道路运输车辆综合性能检测和技术等级评定由汽车综合性能检测机构负责实施。	道路运输车辆综合性能检测和技术等级评定由哪些机构负责实施?	综合　性能检测　技术　等级　评定	
周次频次	第二十三条　道路运输车辆自首次取得《道路运输证》当月起，应按下列周期和频次委托汽车综合性能检测机构进行综合性能检测和技术等级评定： （一）客车、危货运输车、总质量12吨以上货车（含汽车列车）自首次经公安交通管理部门登记注册不满36个月的，每12个月进行1次检测和评定；超过36个月的，每6个月进行1次检测和评定； （二）其它运输车辆自首次经公安交通管理部门登记注册不满60个月的，每12个月进行1次检测和评定；超过60个月的，每6个月进行1次检测和评定。	道路运输车辆自首次取得《道路运输证》当月起，进行综合性能检测和技术等级评定的周期和频次?	周期　频次性能　检测　技术　等级　评定	涉及表证单书：《道路运输证》

续上表

知识点	条　文	问题设计	关键词	备　注
	第四章　车辆检测管理			
普货车辆性能检测	第二十四条　道路普通货物运输经营者可委托运输驻在地符合《汽车综合性能检测站能力的通用要求》(GB/T 17993)的汽车综合性能检测机构，对车辆进行综合性能检测和技术等级评定。	道路普通货物运输经营者可委托运输驻在地符合哪些要求的汽车综合性能检测机构对车辆进行综合性能检测和技术等级评定？	普货　车辆运输　经营者性能　检测　技术　等级　评定	
二次复核	第二十五条　道路运输经营者应重新委托转入所在地的综合性能检测机构对车辆进行综合性能检测和技术等级评定，对于客车还应进行客车类型等级复核，方可申领转籍车辆的《道路运输证》。	道路运输经营者在申领转籍车辆的《道路运输证》之前应完成那些步骤？	道路　运输经营者　申领转籍　运输证	涉及表证单书：《道路运输证》
计量认证	第二十六条　汽车综合性能检测机构应通过质量技术监督部门的计量认证，并取得计量认证证书。 汽车综合性能检测机构技术能力认定应符合《汽车综合性能检测站能力的通用要求》(GB/T 17993)的规定，认定周期应与计量认证周期相一致。	车辆综合性能认定机构的应符合哪些要求？	检测　机构认证　资质　能力	
新进入车辆	第二十七条　汽车综合性能检测机构应对新进入道路运输市场车辆要按照《道路运输车辆燃料消耗量达标车型表》进行比对。对达标的新车和在用车辆，应按照《道路运输车辆综合性能要求和检验方法》(GB 18565)《道路运输车辆技术等级划分和评定要求》(JT/T 198)实施检测和评定，出具全国统一式样的道路运输车辆综合性能检测报告，做出车辆技术等级评定，并在报告单上标注结论。	汽车综合性能检测机构应对新进入道路运输市场车辆按照哪种要求进行对比？ 对达标的新车和在用车辆，应按照哪些要求实施检测和评定？	检测　机构　新进入　车辆　性能　检测　报告单　达标　在用　检测　评定	涉及表证单书：《道路运输车辆燃料消耗量达标车型表》

续上表

知识点	条　文	问题设计	关键词	备　注
	第四章　车辆检测管理			
等级评定复核	第二十八条　道路运输管理机构和受其委托承担客车类型等级评定工作的汽车综合性能检测机构，应按照《营运客车类型划分及等级评定》（JT/T 325）进行类型等级评定或年度类型等级评定复核，出具统一式样的客车类型等级评定报告。	道路运输管理机构和受其委托承担客车类型等级评定的机构应如何复核评定工作？	管理机构　委托　检测　机构　等级　评定　报告	
检测机构经营	第二十九条　汽车综合性能检测机构应是依法成立、自主经营、自负盈亏、独立承担法律责任的企业法人。其检测和评定应客观、公正、准确，并做到服务规范、竞争公平、收费合理。	对汽车综合性能检测机构经营方面的要求有哪些？	检测　机构经营　原则	
检测机构档案	第三十条　汽车综合性能检测机构应建立车辆检测档案，档案内容主要包括：车辆综合性能检测报告（含车辆基本信息、车辆技术等级）、客车类型等级评定记录。 车辆检测档案保存期不少于2年。	汽车综合性能检测机构应如何管理检测车辆？ 汽车综合性能检测机构检测档案主要内容包含哪些？	检测　档案　内容　保存期	
	第五章　监督检查			
监督检查要求	第三十一条　道路运输管理机构应当按照职责权限和程序进行监督检查，重点检查道路运输经营者建立车辆技术管理制度、车辆技术档案等落实情况。监督检查时，不得滥用职权，徇私舞弊。	道路运输管理机构应当按照职责权限和程序进行监督检查，重点检查道路运输经营者的哪些内容？	监督　检查　档案	

续上表

知识点	条　文	问题设计	关键词	备　注
	第五章　监督检查			
证明材料	第三十二条　道路运输管理机构应将车辆技术状况纳入道路运输车辆年度审验内容，查验以下相应证明材料： （一）车辆技术等级评定结论； （二）客车类型等级评定证明。	道路运输管理机构在将车辆技术状况纳入道路运输车辆年度审验内容，查验的证明材料有哪些？	审验　内容证明 材料	
退出 运输市场	第三十三条　道路运输车辆存在以下情形之一的，应注销《道路运输证》，退出道路运输市场。 （一）车辆达到国家规定强制报废标准的； （二）车辆技术性能达不到《道路运输车辆综合性能要求和检验方法》（GB 18565）要求的； （三）车辆超过24个月未进行年度审验的； （四）其它应注销《道路运输证》的。 对于车辆技术等级达不到一级的危货运输车、国际道路运输车辆，以及从事高速公路客运或营运线路长度在800公里以上客车，要调整经营范围。 对于类型等级达不到中级的客车不得从事高速公路客运、旅游包车客运、国际道路旅客运输，以及营运线路长度在800公里以上旅客运输。	道路运输车辆在哪些情况下会注销《道路运输证》，退出道路运输市场？ 对于车辆技术等级不够一级车辆要求有哪些？ 对于类型等级达不到中级的客车要求有哪些？	注销《道路运输证》 技术　等级　不够 退出　市场 技术　等级　不够 一级　危货　高速 客车 类型　等级　不得 从事　业务	
车辆管理档案	第三十四条　道路运输管理机构应建立车辆管理档案。档案内容主要包括：车辆基本情况，车辆技术等级评定、客车类型等级评定或年度类型等级评定复核、车辆变更等记录。	道路运输管理机构建立的车辆管理档案主要内容有哪些？	车辆　管理档案 内容	

续上表

知识点	条文	问题设计	关键词	备注
	第五章 监督检查			
	第三十五条 道路运输管理机构应将运输车辆的技术管理情况纳入道路运输企业质量信誉考核和诚信体系建设。	道路运输管理机构应将运输车辆的技术管理情况纳入哪些考核体系？	纳入 考核 体系	
信息管理	第三十六条 道路运输管理机构应积极推广使用现代信息技术，逐步实现道路运输经营者、机动车维修经营者、汽车综合性能检测机构车辆技术管理信息资源共享。	道路运输管理机构应积极推广使用现代信息技术，逐步实现哪些角色之间的车辆技术管理信息资源共享？	信息 管理 资源 共享	
	第三十七条 道路运输经营者、机动车维修经营者、汽车综合性能检测机构应接受道路运输管理机构的监督检查，如实反映情况，提供有关资料。			
	第六章 法律责任			
经营者法律责任	第三十八条 违反本规定，道路运输经营者使用擅自改装已取得《道路运输证》的车辆的，县级以上道路运输管理机构应责令改正，并处以5000元以上2万元以下罚款。	道路运输经营者使用擅自改装已取得《道路运输证》车辆的处罚有哪些？	违反 规定处罚	

续上表

知识点	条　　文	问题设计	关键词	备　　注
	第六章　法律责任			
综合性能检测机构法律责任	第三十九条　违反本规定，道路运输车辆综合性能检测机构有下列行为之一的，县级以上道路运输管理机构应责令改正，并处以5000元以上2万元以下罚款。 （一）不按技术规范对道路运输车辆进行检测的； （二）未经检测出具道路运输车辆检测结果的； （三）不如实出具检测结果的。	违反《道路运输车辆技术管理规定》，有哪些行为将会被县级以上道路运输管理机构应责令改正，并处以5000元以上2万元以下罚款？ 违反《道路运输车辆技术管理规定》，不按技术规范对道路运输车辆进行检测的，应该受到怎样的处罚？ 违反《道路运输车辆技术管理规定》，未经检测出具道路运输车辆检测结果的，应该受到怎样的处罚？ 违反《道路运输车辆技术管理规定》，不如实出具检测结果的，应该受到怎样的处罚？	综合　性能检测　机构违反　规定　处罚 规范　检测处理 出具　检测　结果　处理 如实　出具　检测　结果　处理	
综合性能检测机构法律责任	第四十条　违反本规定，道路运输车辆综合性能检测机构有下列行为之一的，县级以上道路运输管理机构应责令改正，给予警告；拒不改正的，处以1000元以上3000元以下罚款。 （一）未建立车辆检测档案的； （二）车辆检测档案不符合规定的。	违反《道路运输车辆技术管理规定》，道路运输车辆综合性能检测机构，未建立车辆检测档案的应该如何处理？ 违反《道路运输车辆技术管理规定》，道路运输车辆综合性能检测机构，车辆检测档案不符合规定的应该如何处理？	检测　档案　建立　机构　处罚 性能　检测　档案　规定　处理	

续上表

知识点	条　　文	问 题 设 计	关　键　词	备　　注
	第六章　法 律 责 任			
经营者法律责任	第四十一条　违反本规定，道路运输经营者有下列行为之一的，县级以上道路运输管理机构应责令改正，给予警告；情节严重的，处以1000元以上3000元以下罚款： （一）未按规定建立和落实车辆技术管理制度的； （二）未按照规定检测车辆的； （三）未建立道路运输车辆技术档案或档案不符合规定的； （四）未做好车辆维护记录的。	违反《道路运输车辆技术管理规定》，未按规定建立和落实车辆技术管理制度的，应该如何处理？ 违反《道路运输车辆技术管理规定》，未按照规定检测车辆的，应该如何处理？ 违反《道路运输车辆技术管理规定》，未建立道路运输车辆技术档案或档案不符合规定的，应该如何处理？ 违反《道路运输车辆技术管理规定》，未做好车辆维护记录的，应该如何处理？	经营者　处罚　建立　落实　处理 规定　检测　车辆　处理 建立　档案　符合　规定　处理 维护　记录　处理	
工作人员规范	第四十二条　道路运输管理机构工作人员在监督管理工作中滥用职权、玩忽职守、徇私舞弊的，应依法给予行政处分；构成犯罪的，依法移交司法机关处理。	道路运输管理机构工作人员在监督管理工作中滥用职权、玩忽职守、徇私舞弊的，应当怎样处理？ 道路运输管理机构工作人员在监督管理工作中滥用职权、玩忽职守、徇私舞弊，构成犯罪的应该怎样处理？	机构　工作人员　监督　过程　处罚 机构　工作人员　监督　过程　处罚　犯罪　处理	

续上表

知识点	条　文	问题设计	关键词	备　注
	第七章　附　则			
实施细则	第四十三条　各省、自治区、直辖市交通运输行政主管部门可结合本地实际情况制定实施细则。	各省、自治区、直辖市部门是否可以指定实施细则?	省自治区直辖市 实施细则	
施行 起始时间	第四十四条　本规定自××××年××月××日起施行。原交通部《汽车运输业车辆技术管理规定》(交通部令1990年第13号)《道路运输车辆维护管理规定》(交通部令2001年第4号)同时废止。	《道路运输车辆技术管理规定》什么时间起开始实施?	管理　规定 时间　施行	
与其他法律 规定的 从属关系	第四十五条　现行《道路旅客运输及客运站管理规定》《道路危险货物运输管理规定》《道路货物运输及站场管理规定》等规章中有关车辆技术管理的规定,凡与本规定不相符合的,以本规定为准。	其他法律规定中与《道路运输车辆技术管理规定》有关车辆技术管理的规定相冲突时该如何处理?	规定　冲突 处理　办法	涉及法律法规:道路旅客运输及客运站管理规定》《道路危险货物运输管理规定》《道路货物运输及站场管理规定》

第四章　知识库维护配套机制

目前,各地的12328电话知识库处于初装阶段,要使知识库正常运转,必须在日常运营过程中,建起知识库维护的配套机制与工作制度,保障知识库的可持续与健康良性运转,实现知识库的自我积累滚动发展。

一、建立知识库共同维护制度

12328电话大部分知识来源于业务部门,且知识在工作中较为分散,往往隐含于各类流程节点和细枝末节中,需要有意识地跨部门、跨层级收集、整理与传播。因此,12328电话知识的采集与维护,需要一个内部组织来统一协调、规范、推动知识管理工作。因此,建议依托12328电话知识库系统建立不同的知识库共同维护角色,并赋予相应的知识管理职责,例如话务员、各部门信息员、知识审核员、业务专家、部门负责人等各自的职责。

同时,要形成行之有效的规范、路程、措施并制度化,成为组织内每个成员的行为准则,以提升管理的成效。

二、完善知识库运维组织结构

由于知识具有随着信息技术的发展和交通运输业的不断自我变革而与时俱进的特征,同时知识更新的速度也越来越快,因此应定期组织开展知识的更新维护。应将知识进行分类并定期提交相应领域知识审核者进行审核,适时处理知识更新与旧知识的删除,以及对话务员的反馈。对于公众较为关注且知识库尚未涵盖的知识,可就该知识向相关单位派单,并跟踪单位的反馈,将知识信息补充录入知识库;也可由坐席人员结合经验,给出市民较为认可的答案,并将此答案与相关成员单位进行确认后,由成员单位知识录入者录入知识库。

因此,应当建立 12328 电话知识库维护管理体系,完善知识库运维内部组织,形成知识与岗位的划分机制,逐步明确岗位所需要的知识能力,如指派专门的知识管理人员或设置相应的岗位,对知识库组织更新与维护,保障知识录入、知识审核、知识发布、知识更新、知识运用和知识删除的及时性、准确性和有效性。

三、建立知识激励机制

激励机制的建立,是知识管理的重要环节,应建立知识采编、共享的鼓励激励机制,给予知识管理优秀员工、知识分享者物质上、精神上及职业道路上的奖励,激励更多的人分享使用知识。

四、创造宽松交流的环境

无论信息技术发展到何种地步,都不能忽视人们面对面交流的需要。因此,必须建立知识相互交流的机制和环境,建立行之有效的组织文化,形成多种交流、学习形式,比如交流探讨接诉过程中的典型案例和疑难问题,鼓励分享和沟通,从而不断提高呼叫中心人员的业务水平。应尽可能地提供必要的场地,保障必要的时间、人力和物力,满足员工知识宽松交流的需要。

五、适时拓展其他渠道

适时开通网页、微信等多渠道的知识库,一方面作为 12328 电话信息咨询业务的补充,另一方面也可作为知识采集与维护的渠道。通过将知识获取和知识应用有机整合,建立相互反馈和改进机制,使得显性知识和隐性知识相互转化,从而进一步完善知识库功能,并扩充完善知识库知识。

附件　12328 交通运输服务监督电话知识库操作手册

欢迎使用《12328 交通运输服务监督电话知识库操作手册》。

12328 交通运输服务监督电话知识库具有知识库录入、审核、发布等功能,权限人员可根据知识库的维护流程针对知识进行入库维护操作。知识库可提供针对政策文件库、问题解答库、办事指南库、机构信息库、通知公告库、典型案例的维护,包括增加、编辑、删除;提供针对知识的主题词的维护,可以对知识的主题词进行增加、编辑、删除;通过检索方式或知识地图图形化操作方式检索出具体内容或逐层分类查看定位具体内容的界面操作功能。

为了尽可能提高话务员的工作效率,其必须有效地对系统进行操作。而为了给您提供帮助,我们特别编写了该操作手册。它基本上是系统的一个最佳做法、原则和模型的集锦,旨在为您提供操作指导。遵循操作手册的指导,可以帮助您利用本系统,提高您的工作效率,节约时间,保持您使用系统的安全性、可靠性、可用性、可支持性和可管理性。

下面几章主要介绍了系统的各个功能模块具体的使用,每一章都包含着系统的各个业务组成部分,根据该手册,可对系统有一个全面的认识,并掌握系统的应用。

1　登录知识库

一、业务及功能描述

录入账号和密码后可以进入 12328 交通运输服务监督电话知识库系统进行操作。

二、操作实务

（一）在系统中登录页面，填写用户名与密码，进入本功能模块，如附图1-1 所示。可以选中记住用户登录状态，方便在下次登录时，不用重复输入账号和密码。

附图 1-1 登录页面

（二）用户登录，进入系统搜索首页，如附图 1-2 所示。

附图 1-2 系统搜索首页

（三）系统搜索首页右上方包括[知识管理][储备知识][收藏夹][注销]四个功能按钮。搜索首页右上角显示当前登录的用户名。

（1）单击[注销]按钮，系统弹出“确认退出”窗口，如附图 1-3 所示，单击[确定]，用户退出系统并返回登录页面，单击[取消]，系统返回搜索首页。

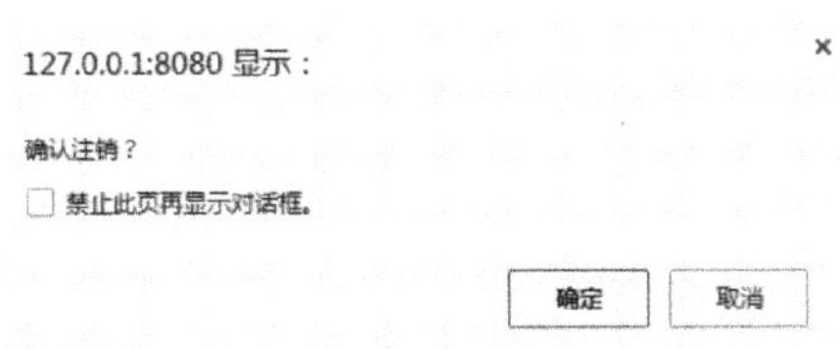

附图 1-3　确认退出按钮

(2)单击[知识管理]按钮,系统进入知识管理后台,如附图 1-4 所示,详见“3 知识管理”。

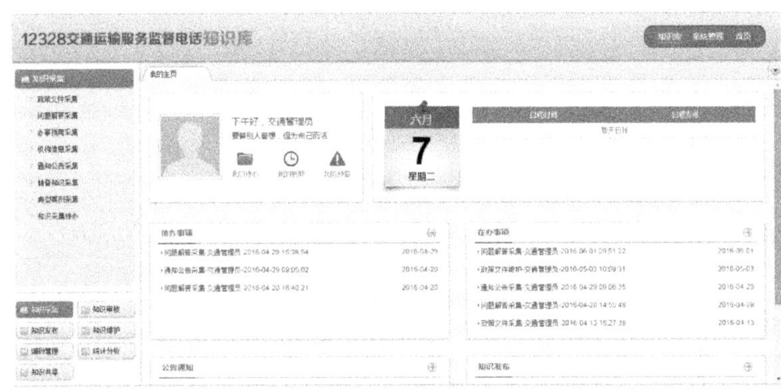

附图 1-4　知识管理后台

(3)单击[储备知识]按钮,系统进入储备知识检索页面,如附图 1-5 所示,可以根据标题和内容进行单向和组合搜索。

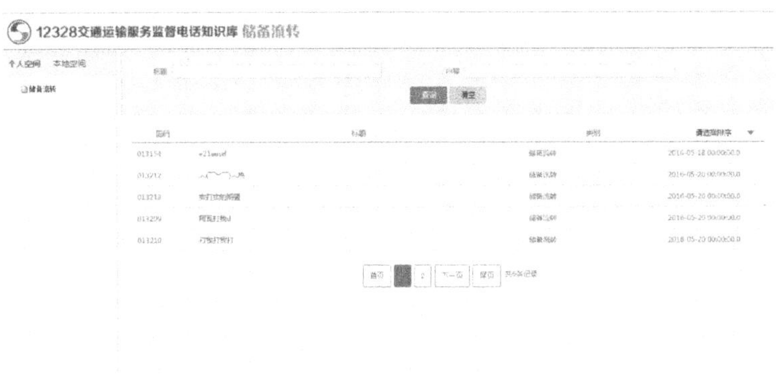

附图 1-5　储备知识检索页面

（4）单击标题，进入知识详细信息的查看页面，如附图 1-6 所示，可单击[显示明细]按钮查看明细信息。

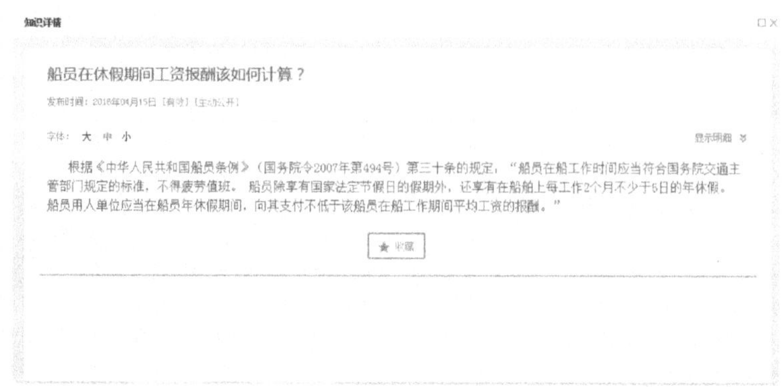

附图 1-6　储备知识详情

（5）单击[收藏]按钮，系统弹出“新增收藏目录”，用户可在此新建收藏目录，如附图 1-7 所示。

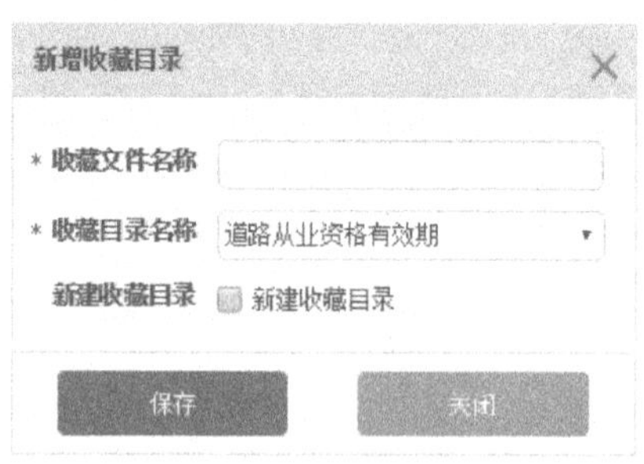

附图 1-7　新增收藏目录

（四）在搜索框内输入要查询的相关信息，单击[搜索]按钮，跳转到搜索页面，详见“2 搜索功能”。

（五）用户在进行检索时，可以选择在指定部、省、市进行知识过滤。单击“请选择”选择框，选择地区，可进行单选或复选，如附图 1-8 所示。

（六）系统搜索首页左下部，为热点知识统计列表，列表中展现本级用户累计单击次数排在前 7 位的知识，如附图 1-9 所示。

①单击每条知识的名称，可以进入知识详情页面，如附图 1-10 所示。

12328交通运输服务监督电话 知识库
热点知识
最新知识
搜索
高级搜索

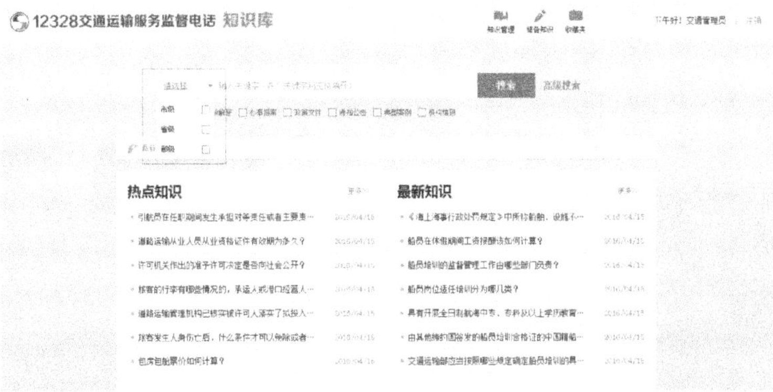

附图 1-8　部门级别选择页面

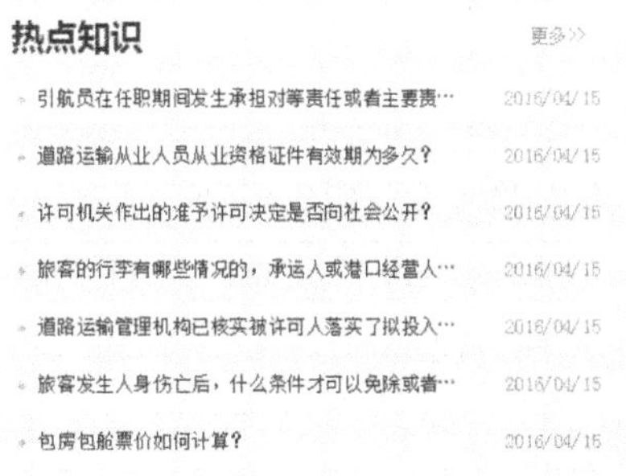

热点知识
更多>>
引航员在任职期间发生承担对等责任或者主要责… 2016/04/15
道路运输从业人员从业资格证件有效期为多久? 2016/04/15
许可机关作出的准予许可决定是否向社会公开? 2016/04/15
旅客的行李有哪些情况的，承运人或港口经营人… 2016/04/15
道路运输管理机构已核实被许可人落实了拟投入… 2016/04/15
旅客发生人身伤亡后，什么条件才可以免除或者… 2016/04/15
包房包舱票价如何计算? 2016/04/15

附图 1-9　热点知识查看列表

知识详情
引航员在任职期间发生承担对等责任或者主要责任的重大及以上水上交通事故，对引航员有哪些影响？
字体： 大 中 小
显示明细
所属类别 问题解答->海事
适用范围 国家
资料编码 011059
关键字 事故 资历 影响
根据《中华人民共和国引航员注册和任职资格管理办法》（2008年第2号）第四十七条的规定：“引航员在任职期间发生承担对等责任或者主要责任的重大及以上水上交通事故，海事管理机构应当对其进行适任评估。评估不合格的，海事管理机构可以根据评估的实际情况要求其重新培训和考试，考试不合格的，不得引领与其适任证书级别相适应的船舶。发生上述事故后，引航员在发生事故前的本等级引航资历不能作为申请考试、评估的引航资历。引航资历自发生事故后重新开始计算。”
收藏

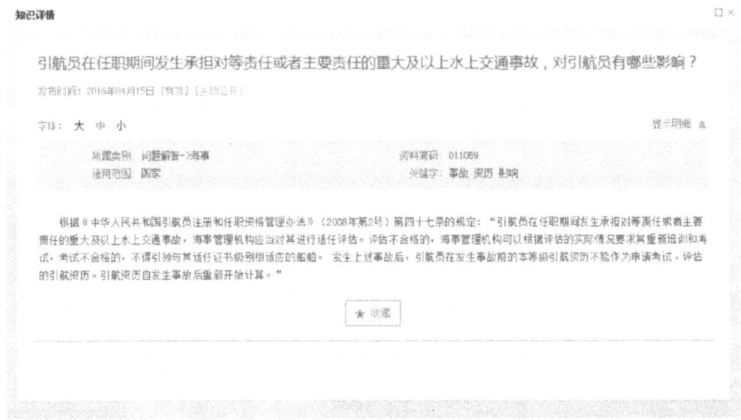

附图 1-10　知识详情页面

②单击[更多]按钮，可以查看更多的热点知识列表，并显示“简码”“标题”“更新日期”等项目，如附图1-11所示。列表默认按本级用户的单击次数由高至低进行排序，单击每条知识的标题，都可以进入知识详细列表。

附图1-11　更多热点知识列表页面

（七）系统搜索首页右下部，为最新知识统计列表，列表中展现知识库最新发布的7条知识，如附图1-12所示。

附图1-12　最新知识查看列表

①单击每条知识的名称，可以进入知识详情页面，如附图1-13所示。

②单击[更多]按钮，可以查看更多的最新知识列表，并显示“简码”“标题”“更新日期”等项目，如附图1-14所示。列表默认按知识的发布日期进行排序，单击每条知识的名称，都可以进入知识详细列表。

附图 1-13　最新知识详情页面

附图 1-14　更多最新知识列表页面

（八）系统搜索首页下部，为最新通知，列表数据已滚动的形式展示最近一天的通知公告信息，如附图 1-15 所示。

附图 1-15　最新通知列表

①单击每条知识的名称，可以进入知识详情页面，如附图 1-16 所示。

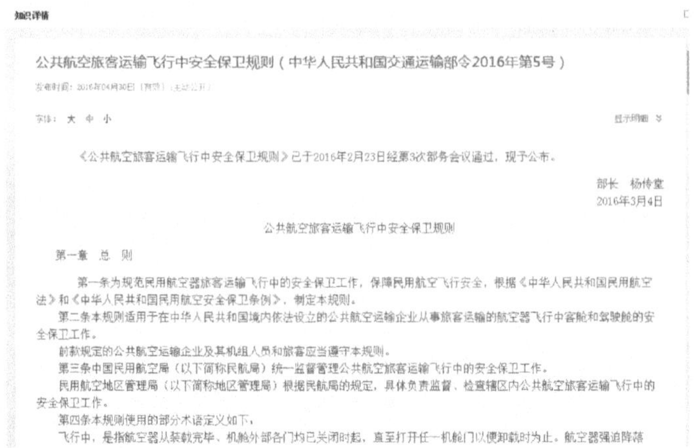

知识详情

公共航空旅客运输飞行中安全保卫规则（中华人民共和国交通运输部令2016年第5号）

发布时间：2016年04月30日

字体： 大 中 小　　　　显示明细

《公共航空旅客运输飞行中安全保卫规则》已于2016年2月23日经第3次部务会议通过，现予公布。

部长　杨传堂
2016年3月4日

公共航空旅客运输飞行中安全保卫规则

第一章　总　则

第一条为规范民用航空器旅客运输飞行中的安全保卫工作，保障民用航空飞行安全，根据《中华人民共和国民用航空法》和《中华人民共和国民用航空安全保卫条例》，制定本规则。

第二条本规则适用于在中华人民共和国境内依法设立的公共航空运输企业从事旅客运输的航空器飞行中客舱和驾驶舱的安全保卫工作。

前款规定的公共航空运输企业及其机组人员和旅客应当遵守本规则。

第三条中国民用航空局（以下简称民航局）统一监督管理公共航空旅客运输飞行中的安全保卫工作。

民用航空地区管理局（以下简称地区管理局）根据民航局的规定，具体负责监督、检查辖区内公共航空旅客运输飞行中的安全保卫工作。

第四条本规则使用的部分术语定义如下，

飞行中，是指航空器从装载完毕、机舱外部各门均已关闭时起，直至打开任一机舱门以便卸载时为止。航空器强迫降落

附图 1-16　通知公告知识详情页面

②单击[最新通知]按钮，可以查看更多的通知公告列表，并显示“简码”“标题”“更新日期”等项目，如附图 1-17 所示。列表默认按知识的发布日期进行排序，单击每条知识的名称，都可以进入知识详细列表。

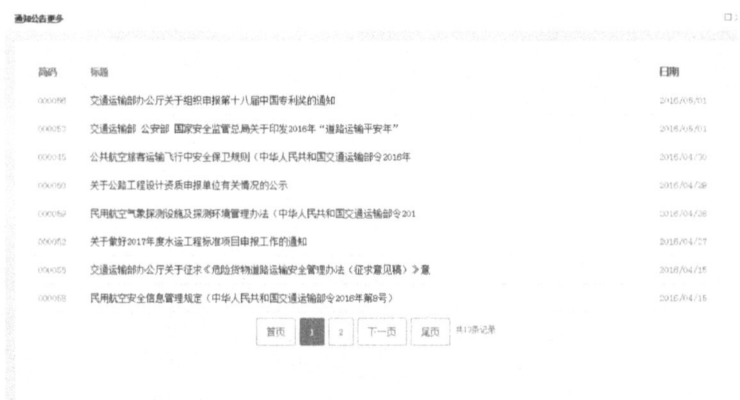

通知公告更多

简码	标题	日期
000056	交通运输部办公厅关于组织申报第十八届中国专利奖的通知	2016/05/01
000053	交通运输部 公安部 国家安全监管总局关于印发2016年“道路运输平安年”	2016/05/01
000045	公共航空旅客运输飞行中安全保卫规则（中华人民共和国交通运输部令2016年	2016/04/30
000050	关于公路工程设计资质申报单位有关情况的公示	2016/04/29
000059	民用航空气象探测设施及探测环境管理办法（中华人民共和国交通运输部令201	2016/04/28
000052	关于做好2017年度水运工程标准项目申报工作的通知	2016/04/27
000055	交通运输部办公厅关于征求《危险货物道路运输安全管理办法（征求意见稿）》意	2016/04/15
000058	民用航空安全信息管理规定（中华人民共和国交通运输部令2016年第8号）	2016/04/15

首页　1　2　下一页　尾页　共13条记录

附图 1-17　更多通知公告列表页面

三、注意事项

密码的形式可为数字，字母或数字与字母的结合，位数应介于 6 ~ 15 位之间。

四、关联业务

该功能与【编码管理】【系统管理】有关联。

2 搜索功能

2.1 目录树检索

一、业务及功能描述

【目录树检索】模块功能是让用户可以通过单击目录树的方式,查询指定所属类别下的知识。用户在目录树上选择某个节点时,搜索框下方自动显示该节点的下级节点作为备选词,供用户快速选择。当搜索框内输入文字,并联想出若干关键字后,选中某个关键字。

二、操作实务

在知识库首页按单击[搜索]按钮进入检索页面,如:在目录树上选择“政策文件”,查询结果列表中显示“查询结果列表”下全部知识,备用词框出现目录树“政策文件”的下级节点若干备用词。在搜索框输入“公路”,目录树可以自动展开进行搜索和定位,如附图2-1所示。

附图2-1 目录树检索页面

三、注意事项

目录树检索仅适用于单库检索或高级检索。

四、关联业务

该功能与【编码管理】有关联。

2.2 全文检索

一、业务及功能描述

【全文检索】模块分为单库检索和多库(全库)检索,单库检索是对一个库种进行标题、内容、关键字等内容的模糊查询,多库(全库)检索则对多个(全部)库进行的检索查询。该模块可通过智能切词、提示词、拼音、二次检索等方式实现对知识库进行检索操作。

二、操作实务

(一)在知识库首页搜索栏下方选择希望检索的库别,可选择一个、多个或全部库种,单击[搜索]按钮进入全文检索页面,如附图 2-2、附图 2-3、附图 2-4所示。用户在检索首页、全文检索界面中的搜索栏均可以录入希望检索的词语,单击[搜索]后,系统将列出符合条件的查询结果,系统支持模糊查询功能。

附图 2-2 知识库检索首页

(二)在知识库首页或者全文(单库)检索页面,单击[请选择]按钮,弹出“地区”选择窗口。在操作页面上选择地区后,单击[搜索]按钮,系统将根据选择的相关条件检索出相关内容。单击复选框按钮,可进行部、省、市级别的选择和取消。“地区”选择框如附图 2-5 所示。

(三)检索词提示词,检索词分中文检索词、智能切词检索、拼音检索词。拼音检索词又分全拼和首字母提示词。单库检索词后面带有检索类别的路径,多库或全库检索词后面不带类别路径。

附图 2-3 知识库全文(单库)检索页面

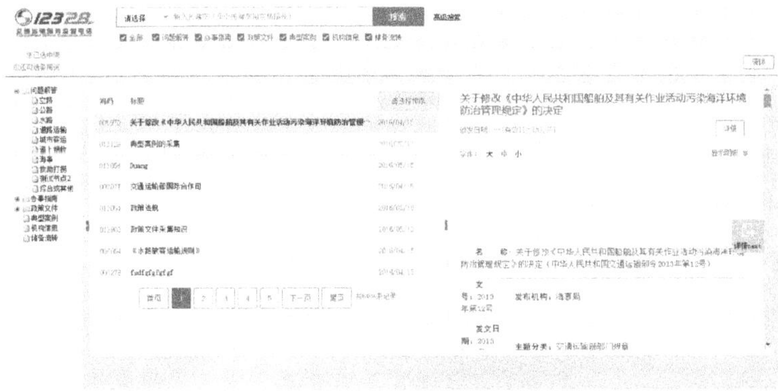

附图 2-4 知识库全文(多库或全库)检索页面

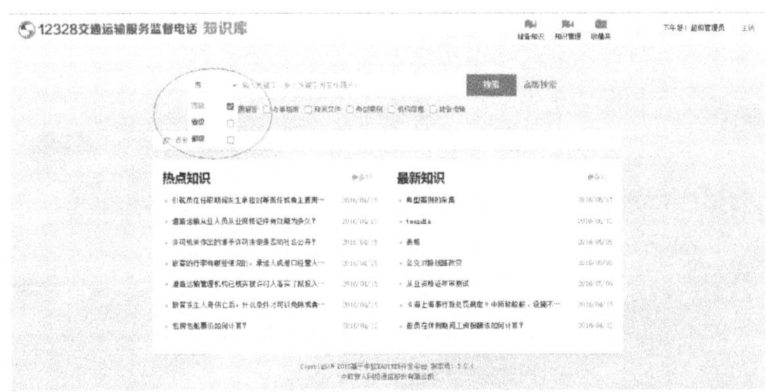

附图 2-5 地区选择页面

①中文检索提示词:用户输入字段时,系统会自动根据该字段内容搜索系统已有目录,找出相关字段,并在检索框下方进行提示。如:在搜索框中输入“公路”,则列出以“公路”开头的检索词,如附图2-6所示。

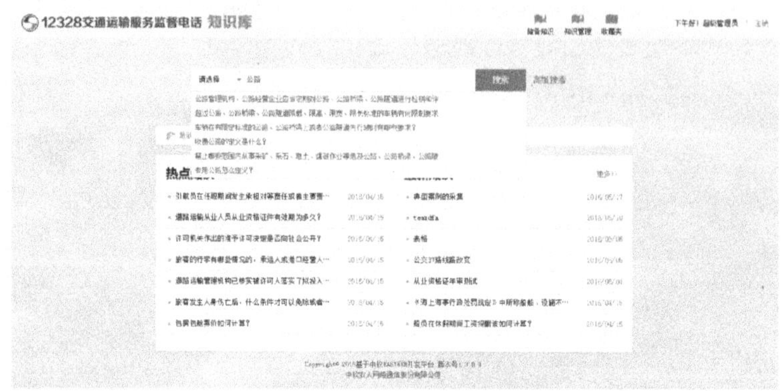

附图2-6　中文检索提示词页面

②智能切词检索:用户输入一段文字时,系统借助自动分词功能,将输入的检索条件进行中文切词,然后将所得多个检索词进行组合,进行相应的全文检索,如:在搜索框中输入“收费公路的定义是什么”,系统自动将该问题分解为“收费公路”“定义”“是什么”三个关键字进行检索,从而提高检索效率,如附图2-7所示。

附图2-7　智能切词检索页面

③首字母拼音检索提示词:在搜索框中输入“方式”的汉语拼音的前两个字母“fs”, 系统将联系该首字母组成的词,则列出含“方式”的检索词,列

出提示供用户选择,每个关键字仅需击键 1 ~2 次就可以选定关键字进行检索,如附图 2-8 所示。

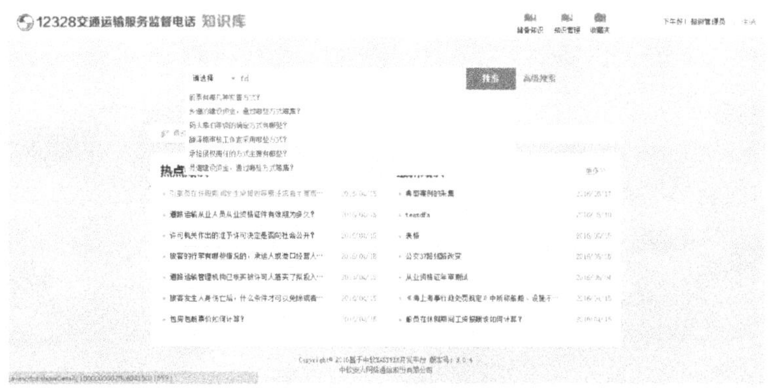

附图 2-8　拼音检索提示词(首字母提示词)页面

④全拼拼音检索提示词:在搜索框中输入“手续费”的汉语拼音“shouxufei”则列出含有“手续费”开头的检索词,如附图 2-9 所示。

附图 2-9　拼音检索提示词(全拼提示词)页面

(四)用户进行单库检索时,当搜索框内输入文字,并联想出若干关键字后,选中某个关键字,如:在搜索框中输入“中华人民共和国公路法”,选择第一个提示词并按回车键确认,系统根据检索词查询相关知识,如附图 2-10 所示。

(五)用户进行单库检索时,在目录树上选择某个节点时,搜索框下方自动显示该节点的下级节点作为备选词,如:单击目录树上的“政策文件”后,备用词框显示出该目录树下维护的关键词。同时以选择的目录树和选中词的内容进行检索,如附图 2-11 所示。

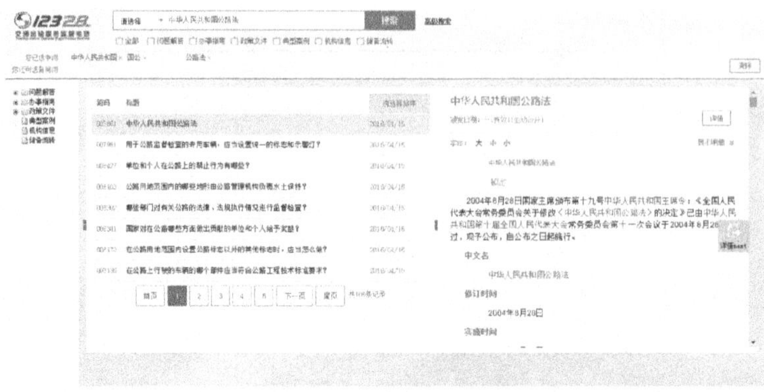

附图 2-10　单库检索查询页面之一

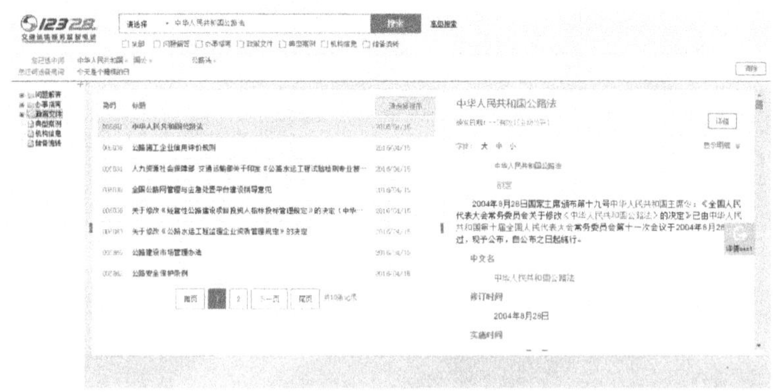

附图 2-11　单库检索查询页面之二

(六)知识展现,完成检索后,系统左侧会显示查询结果列表,右侧显示被选中查询结果的详细信息,如附图 2-12 所示。

①关键字高亮,检索结果显示时候,在检索结果列表和打开知识内容中实现与关键字相同的词条进行高亮显示。

②原文链接,单击检索结果列表知识中的标题,系统可显示该知识相关的政策法规原文,如附图 2-13 所示。

③在知识详情显示界面,用户可以通过字号选择按钮调整字号大小,如附图 2-14 所示。

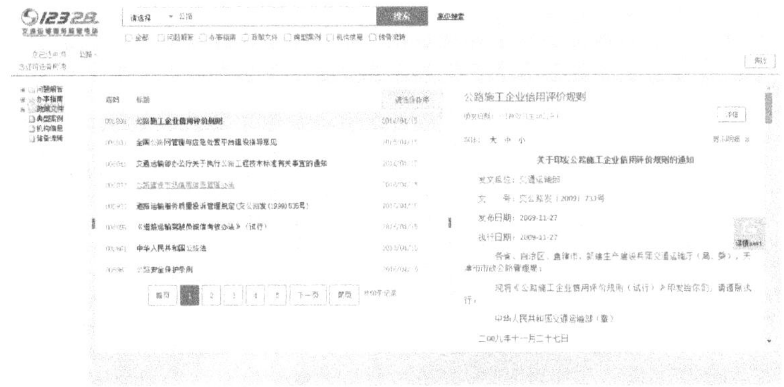

附图 2-12　检索结果展示页面

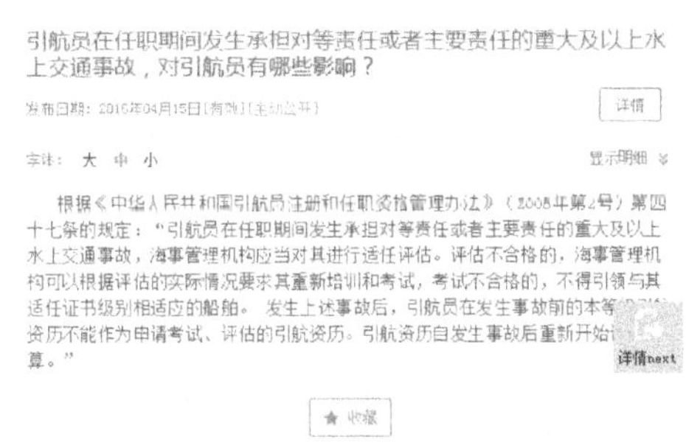

附图 2-13　原文链接

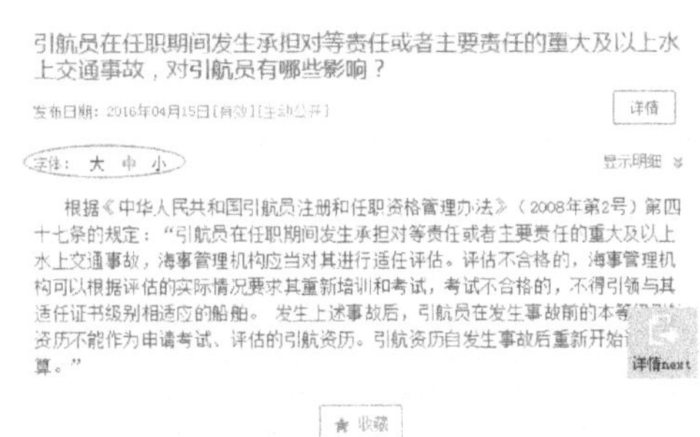

附图 2-14　知识详情字号选择

④在知识详情显示界面，系统默认显示知识的标题、文号、更新日期、是否有效、正文等信息，用户如需查看该知识的更多信息，可单击[显示明细]按钮，系统将显示该知识的全部相关字段，如附图 2-15 所示。

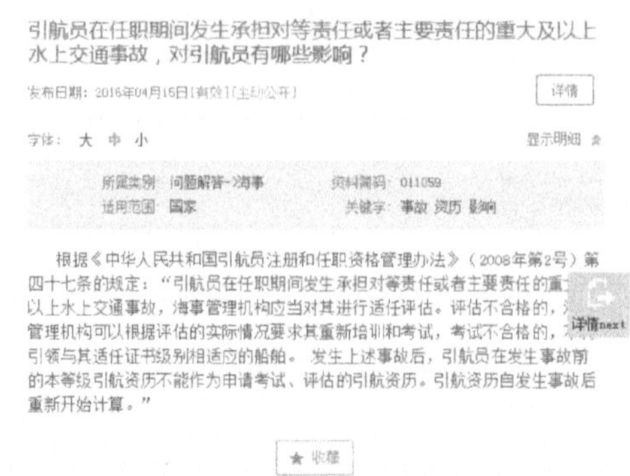

附图 2-15　知识明细显示

⑤单击内容框下边的[收藏]按钮，弹出“添加收藏文件”页面，填写收藏文件名称和目录，单击[保存]按钮，保存成功后，在首页收藏夹中可以看到该收藏，添加收藏文件页面如附图 2-16 所示。

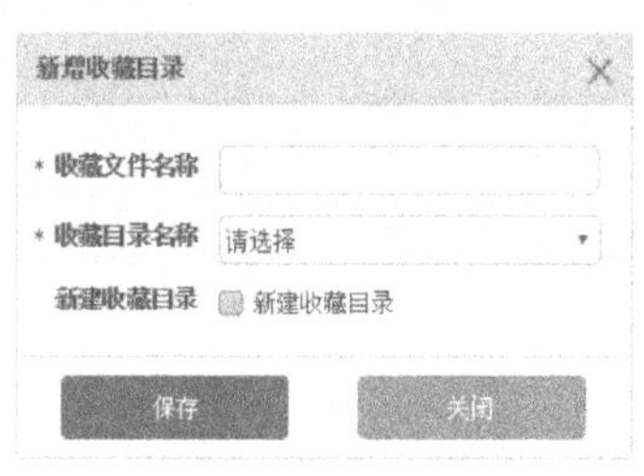

附图 2-16　添加收藏文件页面

三、关联业务

该功能与【编码管理】有关联。

2.3　高级检索

一、业务及功能描述

【高级检索】模块主要功能是具备多条件组合进行检索查询。高级检索在资料类别的同时，设定标题、内容、是否有效、信息公开项、发布日期、资料简码、备注等条件，帮助用户缩小搜索范围，精确搜索内容。高级检索还支持对标题、内容进行全文检索，多个检索词使用空格分隔符。

二、操作实务

（一）在知识库首页或者全文检索页面，单击［高级检索］按钮，弹出高级检索页面，如附图2-17所示。

附图2-17 高级检索页面

（二）单击左边的目录树，则过滤出该目录下的信息。如：在目录树选中"政策文件"，右边列表列出"政策文件"目录下的所有信息，如附图2-18所示。

附图2-18 高级检索页面

（三）单击标题上面的库别按钮可以进行库的切换，同时左边的目录树也相应地切换到选中的库别。单击［显示更多］按钮，显示更多的查询条件。

（四）单击标题弹出该知识的详细内容，如附图2-19所示。

（五）高级检索的其他操作，知识展现、排序方式与全文检索相同，具体可参见"2.2 全文检索"

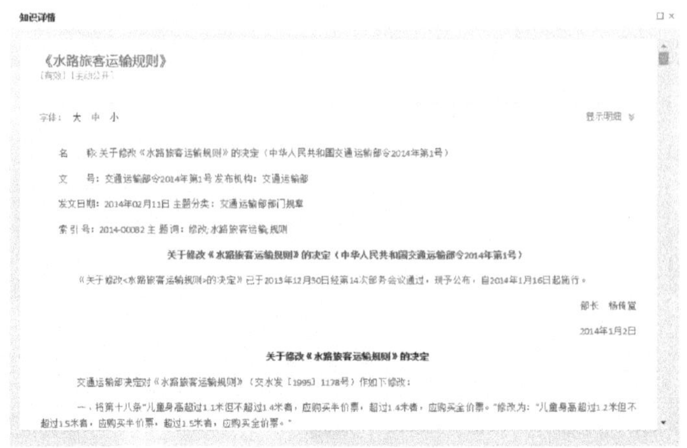

附图 2-19　知识展现页面

三、注意事项

检索列表下端每页显示的行数可自行设置。

四、关联业务

该功能与【编码管理】有关联。

3　知识管理

3.1　知识采集

知识采集主要用于对初始数据的入库操作，拥有知识库采集权限的用户可进行采集操作，知识采集主要包括“问题解答采集”“政策文件采集”“办事指南采集”“机构信息采集”“通知公告采集”“储备知识采集”“典型案例采集”“知识采集代办”8 个模块。

3.1.1　问题解答采集

一、业务及功能描述

【问题解答采集】模块主要功能是针对问题解答的知识进行录入，录入的知识经过审批流程发布后会在检索页面展现。用户可通过检索页面输入检索词，搜索到需要的知识。

二、操作实务

在系统中按【知识采集】→【问题解答采集】的顺序进入本功能模块，如附图 3-1 所示。

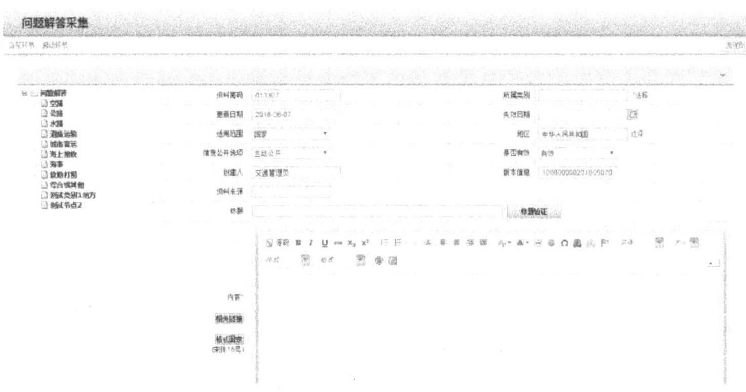

附图 3-1　问题解答采集页面

（一）单击左边目录树节点，所选的类别添加到采集页面的“所属类别”框中，如附图 3-2 所示。

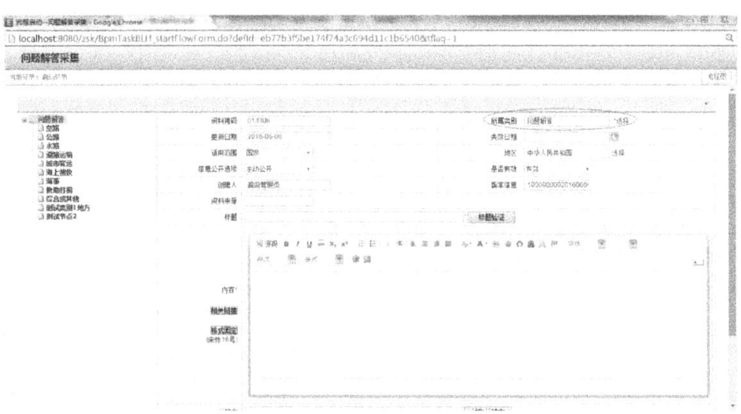

附图 3-2　问题解答采集页面

①单击“所属类别”右边［选择］按钮，可选择所属类别，如附图 3-3 所示。

②选择后，单击“确定”按钮，所选的类别添加到采集页面的“所属类别”框中。

③单击“移除”或双击“已选中列表”的类别，将删除该类别。

附图 3-3　所属类别选择页面

（二）系统根据登录的用户级别进行自动匹配“适用范围”和“地区”，“适用范围”会根据登录用户的级别进行过滤，“适用范围”可以选择本级及本下级的，如：省级用户登录，“适用范围”可以选择“省级”“地市”“区县”。地区的选择会根据适用范围的变化而变化。如：“适用范围”选择了“省级”，则地区只能选择省。如附图 3-4 所示。

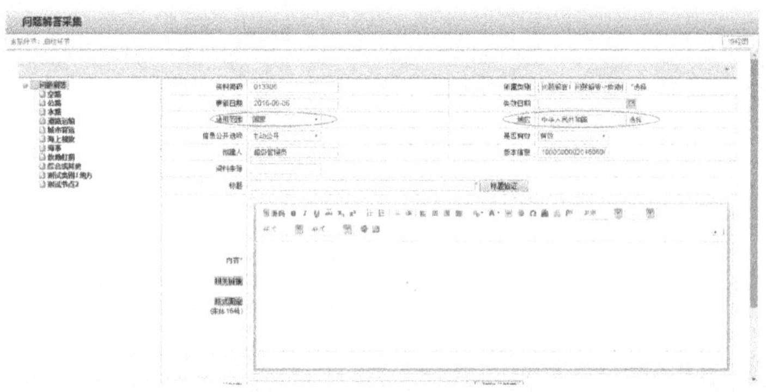

附图 3-4　适用范围与地区页面

（三）在“标题”框中录入标题后，单击［标题验证］按钮，系统根据该标题存在的关键字进行查询，查询出与该标题有相同关键字的标题，弹出“相关标题”列表窗口，如附图 3-5 所示，单击［查看］按钮可浏览其内容。

（四）采集内容时，可以根据需求改变所填内容的字体、颜色等操作。单击如附图 3-6 中图片上传按钮，弹出“图象属性”窗口，如附图 3-7 所示，可以根据需求上传图片，上传成功后，图片显示到内容文本中。

标题验证

标题	操作
各级海事局所属的海事处管辖本辖区内哪些海事行政处罚案件？	查看
海事管理机构对船员培训机构实施日常监督管理和业务指导，应该配备哪些材料？	查看
海事行政执法人员应当在多长时间内将海事行政处罚决定书副本报所属海事管理机构备案？	查看
海事管理机构何时公布成绩？	查看
哪些海事请求具有船舶优先权？	查看
海事赔偿请求应当向谁提出？	查看
海事管理人员失职应如何处理？	查看
海事赔偿责任限制适用于哪些法律？	查看
海事管理机构应当送达当事人的海事违法行为通知书有哪些内容？	查看
海事行政执法人员依法当场作出海事行政处罚决定，应当遵守哪些程序？	查看
海事行政违法行为的当事人有哪些情形时，应当从重处以海事行政处罚？	查看
经过海事管理机构认定哪些事故，海事管理机构可以简化调查程序？	查看
海事管理机构对不属其管辖的海事行政处罚案件，应当如何处置？	查看
海事管理机构的哪些情形需要由国家海事管理机构责令改正？	查看
海事管理机构办理海事行政处罚案件的文书格式参照哪一标准？	查看

每页 调整 条,共342条　首页 上一页 1 2 3 4 5 下一页 末页

附图 3-5　标题验证页面

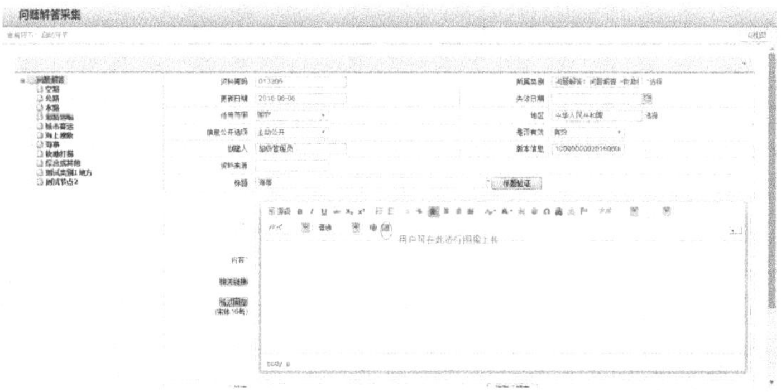

附图 3-6　内容编辑页面

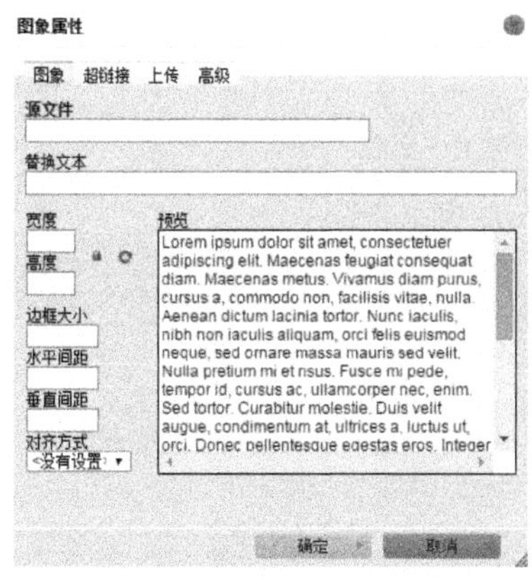

附图 3-7　图象属性页面

（五）单击“内容”框中的［相关链接］按钮，弹出相关链接页面，如附图3-8所示。根据“资料简码”“标题”“库种类型”对所要相关联的知识进行查询，双击列表中知识的标题，即选中该知识进行相关联。所选择的关联知识添加到“已选中列表”中，但不会在内容中显示，在提交预览时可以浏览相关联的知识。

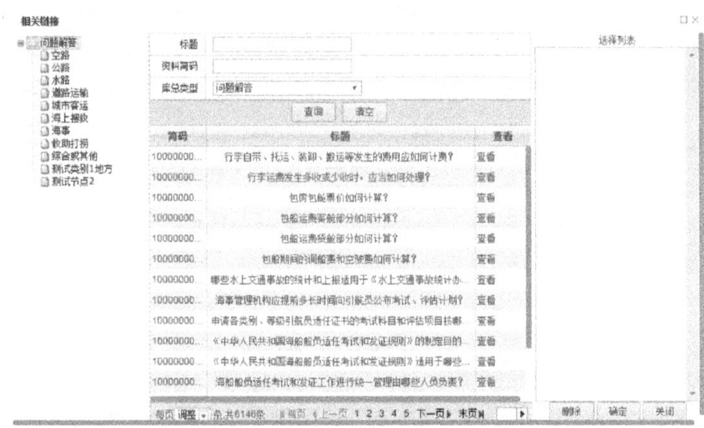

附图3-8　相关链接添加页面

（六）单击“抽取关键字”按钮，根据采集的内容抽取出关键字，系统会自动将内容中的关键字录入到采集页面，关键字也支持手动输入，且输入的关键字之间必须以空格隔开。抽取完成后的页面如附图3-9。

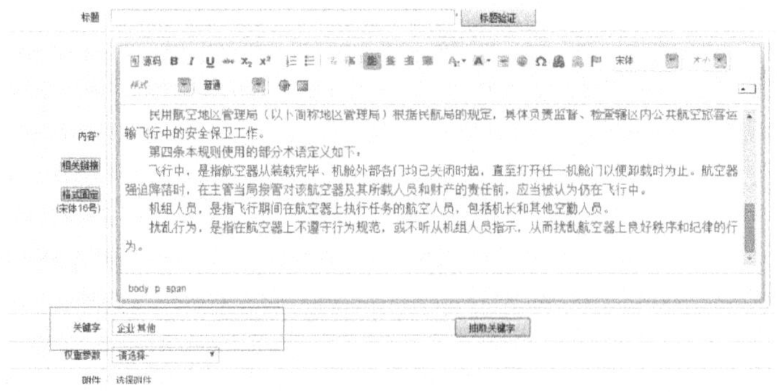

附图3-9　关键字选择页面

（七）选择权重参数。

（八）单击［选择附件］按钮，弹出“文件上传列表”窗口，选择要上传的文件。可以上传多个需要上传的文件。根据需求可以对上传的附件进行取消操作，如附图3-10所示。

附图3-10　文件上传列表页面

（九）单击［暂存］按钮，弹出提示框提示暂存成功，系统对该编辑的内容进入暂存处理。

在【我的主页】→【待办事项】和【知识采集】→【知识采集待办】中可查询到该暂存的记录，如附图3-11所示。

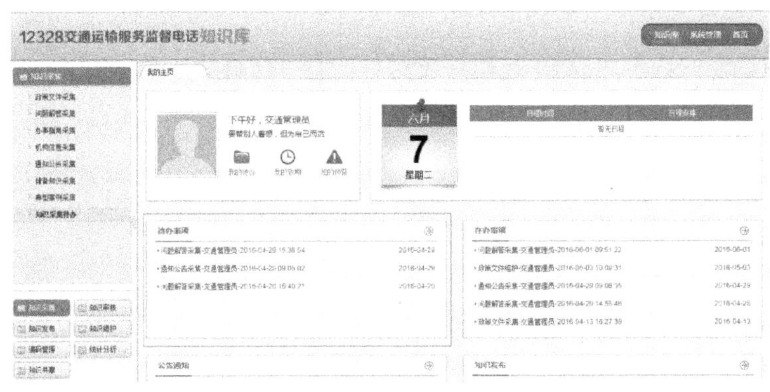

附图3-11　任务提醒页面

（十）单击［提交］按钮，该知识流转至相关审核人员处理，知识采集任务完成。

三、注意事项

(一)"适用范围"只能选择登录人本级及本级下级的"适用范围",且"地区"的选择与"适用范围"的级别是一致的。

(二)抽取出的关键字必须以空格隔开,否则会影响检索页面。

(三)标题验证时根据标题内所具有的关键字进行查询。

(四)选择类别与地区的时,当选择了某类别的下级,则不能选择其上级。若选择了某类别的上级,再选择其下级,系统将自动覆盖其上级,只存在其下级类别。

四、关联业务

该功能与【知识审核】【知识发布】【知识维护】【系统管理】有关联。

3.1.2 办事指南采集

一、业务及功能描述

【办事指南采集】模块主要功能是针对办事指南的知识进行录入,录入的知识经过审批流程发布后会在检索页面展现。用户通过检索页面输入检索词,搜索到需要的知识。

二、操作实务

在系统中按【知识采集】→【办事指南采集】的顺序进入本功能模块,如附图3-12所示。办事指南采集其他操作与【问题解答采集】相同。

附图3-12 办事指南采集页面

三、注意事项

（一）“适用范围”只能选择登录人本级及本级下级的“适用范围”，且“地区”的选择与“适用范围”的级别是一致的。

（二）抽取出的关键字必须以空格隔开，否则会影响检索页面。

（三）标题验证时根据标题内所具有的关键字进行查询。

（四）选择类别与地区的时，当选择了某类别的下级，则不能选择其上级。若选择了某类别的上级，再选择其下级，系统将自动覆盖其上级，只存在其下级类别。

四、关联业务

该功能与【知识审核】【知识发布】【知识维护】【系统管理】有关联。

3.1.3　政策文件采集

一、业务及功能描述

【政策文件采集】模块主要功能是针对政策文件的知识进行录入，录入的知识经过审批流程发布后会在检索页面展现。用户通过检索页面输入检索词，搜索到需要的知识。

二、操作实务

在系统中按【知识采集】→【政策文件采集】的顺序进入本功能模块，如附图3-13所示。政策文件采集其他操作与【问题解答采集】相同。

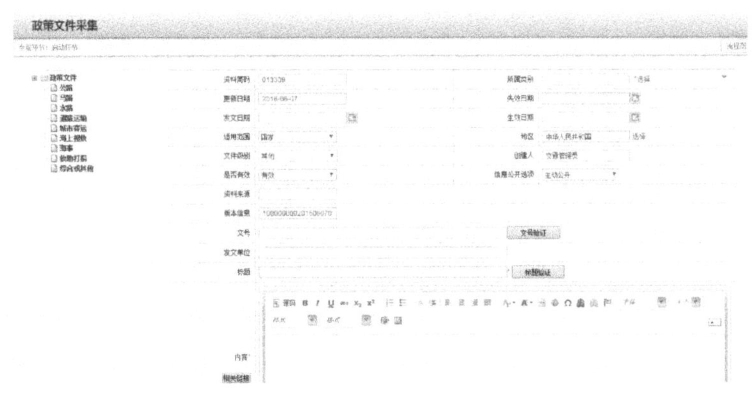

附图3-13　政策文件采集页面

三、注意事项

(一)“适用范围”只能选择登录人本级及本级下级的“适用范围”,且“地区”的选择与“适用范围”的级别是一致的。

(二)抽取出的关键字必须以空格隔开,否则会影响检索页面。

(三)标题验证时根据标题内所具有的关键字进行查询。

(四)选择类别与地区的时,当选择了某类别的下级,则不能选择其上级。若选择了某类别的上级,再选择其下级,系统将自动覆盖其上级,只存在其下级类别。

四、关联业务

该功能与【知识审核】【知识发布】【知识维护】【系统管理】有关联。

3.1.4 机构信息采集

一、业务及功能描述

【机构信息采集】模块主要功能是针对机构信息的知识进行录入,录入的知识经过审批流程发布后会在检索页面展现。用户通过检索页面输入检索词,搜索到需要的知识。

二、操作实务

在系统中按【知识采集】→【机构信息采集】的顺序进入本功能模块,如附图 3-14 所示。机构信息采集其他操作与【问题解答采集】相同。

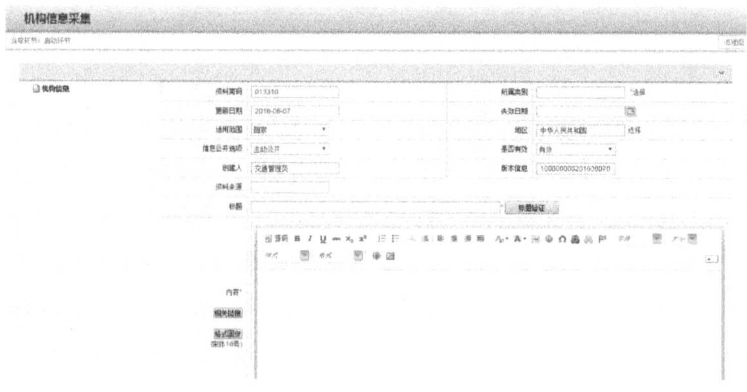

附图 3-14　机构信息采集页面

三、注意事项

(一)“适用范围”只能选择登录人本级及本级下级的“适用范围”,且“地区”的选择与“适用范围”的级别是一致的。

(二)抽取出的关键字必须以空格隔开,否则会影响检索页面。

(三)标题验证时根据标题内所具有的关键字进行查询。

(四)选择类别与地区的时,当选择了某类别的下级,则不能选择其上级。若选择了某类别的上级,再选择其下级,系统将自动覆盖其上级,只存在其下级类别。

四、关联业务

该功能与【知识审核】【知识发布】【知识维护】【系统管理】有关联。

3.1.5　通知公告采集

一、业务及功能描述

【通知公告采集】模块主要功能是针对通知公告的知识进行录入,录入的知识经过审批流程发布后会在检索页面展现。用户通过检索页面输入检索词,搜索到需要的知识。

二、操作实务

在系统中按【知识采集】→【通知公告采集】的顺序进入本功能模块,如附图3-15所示。通知公告采集其他操作与【问题解答采集】相同。

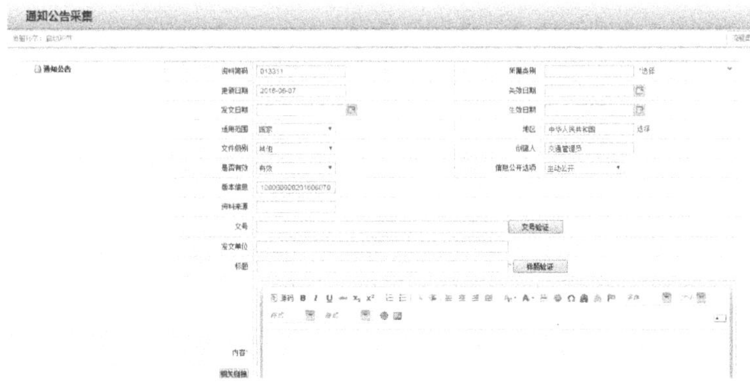

附图3-15　通知公告采集页面

三、注意事项

（一）“适用范围”只能选择登录人本级及本级下级的“适用范围”，且“地区”的选择与“适用范围”的级别是一致的。

（二）抽取出的关键字必须以空格隔开，否则会影响检索页面。

（三）标题验证时根据标题内所具有的关键字进行查询。

（四）选择类别与地区的时，当选择了某类别的下级，则不能选择其上级。若选择了某类别的上级，再选择其下级，系统将自动覆盖其上级，只存在其下级类别。

四、关联业务

该功能与【知识审核】【知识发布】【知识维护】【系统管理】有关联。

3.1.6　典型案例采集

一、业务及功能描述

【典型案例采集】模块主要是针对典型案例的知识进行录入，录入的知识经过审批流程发布后会在检索页面展现。用户通过检索页面输入检索词，搜索到需要的知识。

二、操作实务

在系统中按【知识采集】→【典型案例采集】的顺序进入本功能模块，如附图3-16所示。典型案例采集其他操作与【问题解答采集】相同。

附图3-16　典型案例采集页面

三、注意事项

（一）“适用范围”只能选择登录人本级及本级下级的“适用范围”，且“地区”的选择与“适用范围”的级别是一致的。

（二）抽取出的关键字必须以空格隔开，否则会影响检索页面。

（三）标题验证时根据标题内所具有的关键字进行查询。

（四）选择类别与地区的时，当选择了某类别的下级，则不能选择其上级。若选择了某类别的上级，再选择其下级，系统将自动覆盖其上级，只存在其下级类别。

四、关联业务

该功能与【知识审核】【知识发布】【知识维护】【系统管理】有关联。

3.1.7　储备知识采集

一、业务及功能描述

【储备知识采集】模块主要功能是针对本人需要储备知识的知识进行录入，本人录入的储备知识只供本人参考使用，对其他人员不开放。

二、操作实务

在系统中按【知识采集】→【储备知识采集】的顺序进入本功能模块，如附图3-17所示。储备知识采集其他操作与【问题解答采集】相同。

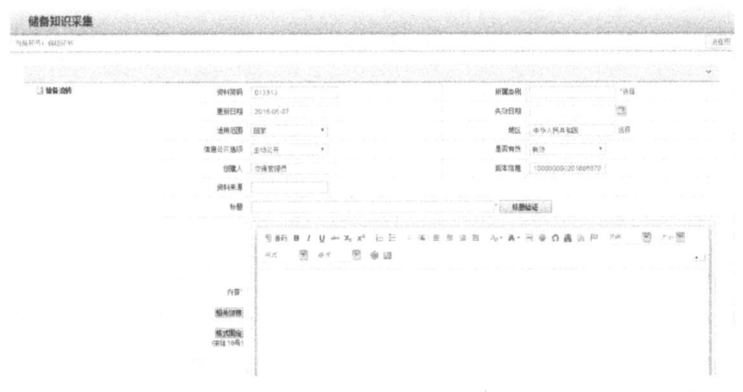

附图3-17　储备知识采集页面

三、注意事项

（一）“适用范围”只能选择登录人本级及本级下级的“适用范围”，且

“地区”的选择与“适用范围”的级别是一致的。

（二）抽取出的关键字必须以空格隔开，否则会影响检索页面。

（三）标题验证时根据标题内所具有的关键字进行查询。

（四）选择类别与地区的时，当选择了某类别的下级，则不能选择其上级。若选择了某类别的上级，再选择其下级，系统将自动覆盖其上级，只存在其下级类别。

四、关联业务

该功能与【知识审核】【知识发布】【知识维护】【系统管理】有关联。

3.1.8　知识采集待办

一、业务及功能描述

【知识采集待办】模块主要功能是本登录用户采集时暂存的，没有提交的数据，本登录用户可以查询、编辑、删除和提交暂存的数据。

二、操作实务

在系统中按【知识采集】→【知识采集待办】的顺序进入本功能模块，如附图3-18所示。

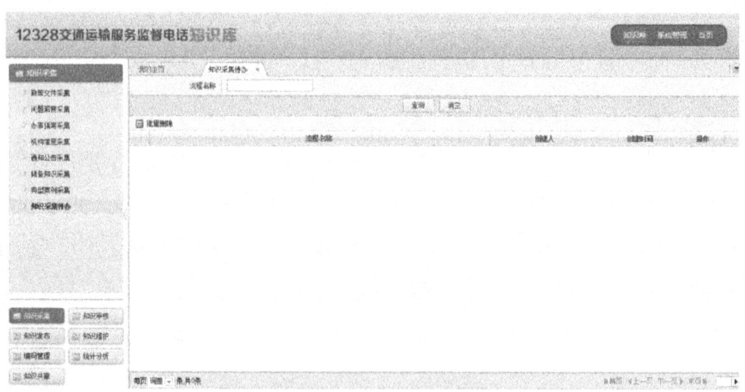

附图3-18　知识采集待办页面

①根据标题可以查询本用户录入的知识，单击列表“编辑”按钮，进入知识修改页面，编辑操作与【问题解答采集】相同。

②单击列表的[删除]按钮，可删除该知识。

三、注意事项

仅可查询本登录用户采集的数据,不可查询其他用户采集的数据。

四、关联业务

该功能与【知识审核】【知识发布】【知识维护】有关联。

3.1.9　任务提醒(采集待办)

一、业务及功能描述

任务提醒【采集待办】模块是放在知识管理首页,方便用户操作而增加的一个模块,此模块与知识采集待办具有相同的功能。是对登录用户采集时暂存的,没有提交的数据,本登录用户可以查询、编辑、删除和提交暂存的数据。

二、操作实务

在系统中进入【知识管理】首页,在“我的主页”中单击【待办任务】,如附图3-19所示。

附图3-19　任务提醒采集待办页面

单击列表“编辑”按钮,进入知识修改页面,编辑操作与【问题解答采集】相同。

三、注意事项

仅可查询本登录用户采集的数据,不可查询其他用户采集的数据。

四、关联业务

该功能与【知识审核】【知识发布】【知识维护】有关联。

3.2 知识审核

知识审核是指有知识审核权限的用户，对待审核的知识，从排重提炼、规范分类、规范格式、提取关键字、业务内容审核等几个方面进行审核，保证入库知识正确、规范、有效。知识审核包括“待办任务”“在办任务”“已办任务”3个模块。

3.2.1 待办任务

一、业务及功能描述

【待办任务】模块主要功能是让当前用户查询到本人有权签收的知识，并对该事项进行相关处理。

本模块提供了查询、签收的功能。

二、操作实务

在系统中按【知识审核】→【待办任务】的顺序进入本模块。

（一）进入模块后，系统列出最近一个月新增的待办任务列表，并显示出各待办任务的“文件标题”“任务名称”“资料来源”“状态”“创建时间”“操作”等项目，如附图3-20所示。用户可单击列表中各项目名称进行排序操作。

附图3-20　待办任务查询列表

（二）可以输入“更新日期”“来源”“标题”“状态”等查询条件，进行单项和组合条件查询，单击[查询]按钮，系统列出符合条件的待办任务。单击

[清空]按钮可清空包括操作日期在内的全部查询条件。

①"更新日期":查询相应时间段内的待办任务,默认显示最近一个月的待办任务。"更新日期"以对知识点执行最后更新的时间为准。

②"来源":查询相应库种类别的待办任务,可选来源包括"政策文件""问题解答""办事指南""机构信息""通知公告"。

③"标题":查询指定标题的待办任务,输入知识的标题进行查询,同时支持模糊查询。

④"状态":查询处于相应审核状态的待办任务。

(三)单击待办任务列表中的[明细],如附图3-21所示,进入知识详细信息的查看页面,如附图3-22所示。

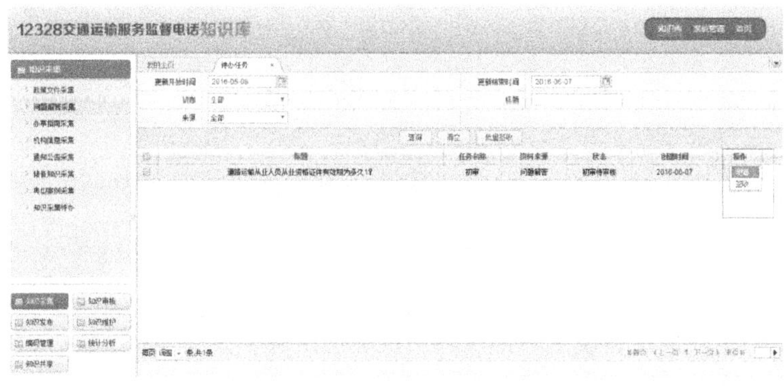

附图3-21　待办任务明细按钮

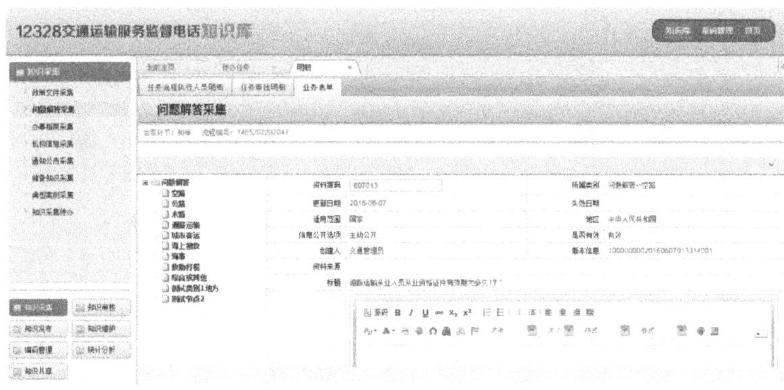

附图3-22　知识详情查看

（四）需要签收多条知识的用户，选中任务列表中知识后，单击［批量签收］按钮，如附图3-23所示，可对多条待审核知识进行签收操作，签收单条知识则在知识列表中选“操作”中的签收按钮进行单条知识的签收。签收后的知识流转到用户的【知识审核】→【在办任务】中，且仅对该用户可见。

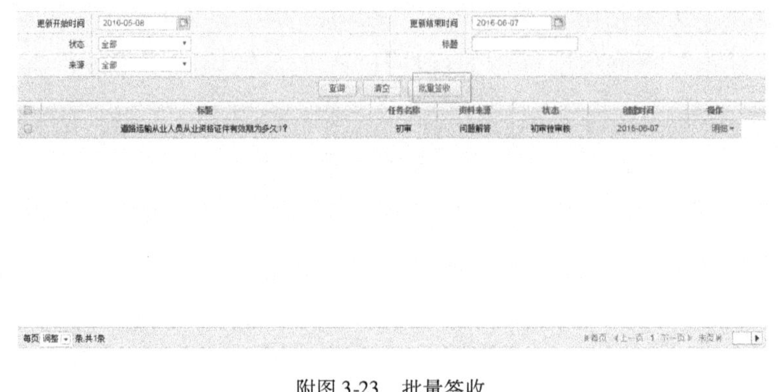

附图3-23　批量签收

三、注意事项

（一）待办任务列表中的知识，所有具备该级审核权限的用户均可见并可操作。在对知识进行签收操作后，该知识流转到用户的【知识审核】→【在办任务】中，此时仅该用户可见并可操作。

（二）待办任务超过15条的，会在待办任务列表中分页显示，翻页应在列表下方进行操作，如附图3-24所示。

附图3-24　待办任务列表翻页

（三）进行知识查看时，可以通过知识详情查看页面下方的“审核历史”，查看该知识的之前的审核情况，如附图3-25所示。

审核历史

审核时间	序号	审核人	审核意见	资料状态
2010-11-09 10:09:21	1	总局超管		初审审核中
2010-11-09 10:04:18	2	总局超管		初审审核中

附图3-25　审核历史列表

（四）若知识流转到下一环节，下一环节审核不通过，将知识退回本环节，知识会显示在【知识审核】→【待办任务】中。

（五）若知识流转到上级部门审核，上级部门审核通过，将知识流转回本级，知识在【知识审核】→【在办任务】中。

四、关联业务

（一）进入【知识审核】→【待办任务】列表的知识，可能是从【知识采集】【知识发布】→【申请撤销】【知识维护】中发起的。

（二）对知识进行签收操作后，可在签收用户【知识审核】→【在办任务】模块下进行查看和操作。

（三）对知识进行审核操作后，可在本人【知识审核】→【已办任务】模块进行查询。

（四）知识审核时“审核意见”的“常用语”可以在【编码管理】→【审核用户维护】模块中进行新增、编辑、删除。

3.2.2　在办任务

一、业务及功能描述

【在办任务】模块主要功能是让当前用户查询到本人已签收的知识，并对该事项进行相关处理。

本模块提供了查询、审核的功能。

二、操作实务

在系统中按【知识审核】→【在办任务】的顺序进入本模块。

（一）进入模块后，系统列出最近一个月新增的在办任务列表，并显示出“文件标题”“任务名称”“资料来源”“状态”“创建时间”“操作”等项目，如附图 3-26 所示。

（二）单击待办任务列表中的［明细］，如附图 3-27 所示，进入知识详细信息的查看页面，如附图 3-28 所示。

（三）需要审核多条知识的用户，选中任务列表中的多条知识后，单击［批量审核］按钮，如附图 3-29 所示，可对多条待审核知识进行审核通过的操作。审核通过的知识进入下一流转环节，同时在当前用户的已办任务中会产生相应的已办记录。

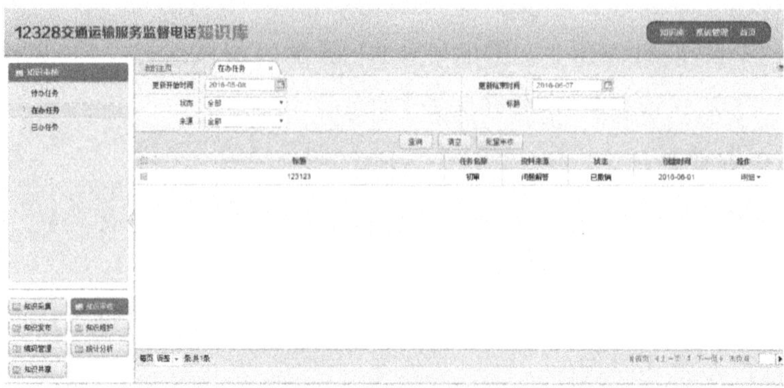

附图 3-26　在办任务列表

附图 3-27　待办任务查看按钮

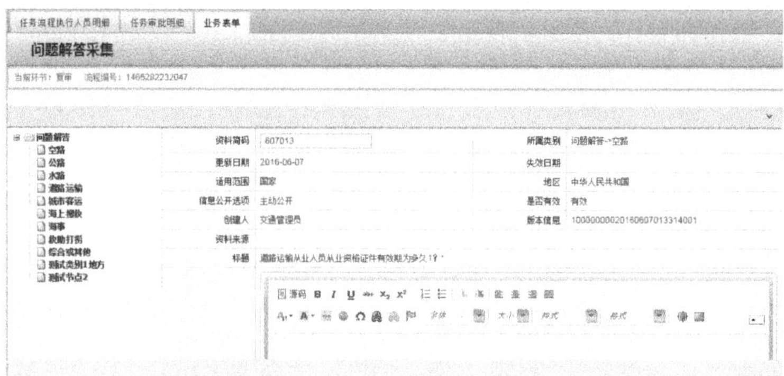

附图 3-28　知识详情查看

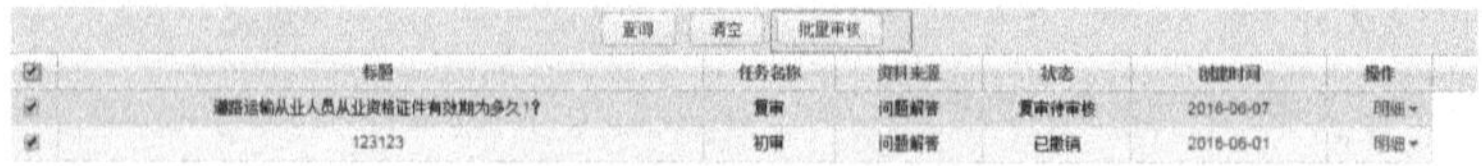

附图 3-29　批量审核

（四）单击待办任务列表中的［审核］，或任务列表中知识的标题，如附图 3-30所示。

附图 3-30　待办任务审核按钮

（五）单击［审核］，进入编辑页面，可以对知识进行修改、审核等操作。如附图 3-31 所示。用户可在该界面进行编辑修改，并执行审核操作。

附图 3-31　审核编辑页面

①需要对知识进行直接修改的用户，可以在审核编辑页面中，对各项内容进行编辑修改。

②需要对该条知识填写审核意见的用户，在“处理意见”输入框中，可以手动输入审核意见

③需要审核该条知识的用户，在“选择路径”功能中，选择对处理方式即处理人进行选择，处理人可选可不选，不选则默认推送到处理方式中的所有人，如附图 3-32 所示。选择处理方式即处理人后，单击［提交］按钮，知识通过审核，审核后的知识进入下一流转环节，并可以指派与处理方式对应的下

一环节审核人。同时在当前用户的已办任务中会产生相应的已办记录。

附图 3-32　处理方式选择

三、注意事项

（一）进行批量审核时，用户不需填写审核意见。

（二）进行批量审核，流转知识进入下一默认环节。如市级某一知识处于“初审待审核”的状态，若处理方式设置有“转复审”“转终审”“转发布”，在进行审核操作后，系统默认将知识流转至市级复审岗。

（三）在办任务超过 10 条的，会在在办任务列表中分页显示，翻页应在列表下方进行操作，如附图 3-33 所示。

附图 3-33　在办任务列表翻页

（四）进行知识明细查看时，可以通过知识详情查看页面上方的“任务审核明细”，查看该知识之前的审核情况，如附图 3-34 所示。

任务流程执行人员明细 | 任务审批明细 | 业务表单

序号	任务名称	执行开始时间	结束时间	持续时间	执行人名	处理意见	处理状态
1	复审	2016-06-07 14:...			交通管理员		尚未处理
2	初审	2016-06-07 14:...	2016-06-07 14:...	6分钟	交通管理员		已处理
3	采集	2016-06-07 14:...	2016-06-07 14:...	小于1分钟	交通管理员	填写表单	已处理

附图 3-34　审核历史列表

四、关联业务

（一）在【知识审核】→【待办任务】中进行了签收操作的知识，可以从【知识审核】→【在办任务】中进行查询和操作。

（二）对知识进行审核操作后，可在本人【知识审核】→【已办任务】模块下进行查询。

3.2.3　已办任务

一、业务及功能描述

【已办任务】模块主要功能是让当前用户查询到本人进行审核操作的历

史记录。

二、操作实务

在系统中按【业务处理】→【已办事项】的顺序进入本功能模块。

(一)进入模块后系统列出最近一个月的已办任务列表,并显示出“文件标题”“任务名称”“资料来源”“状态”“创建时间”“明细”等项目,如附图3-35所示。

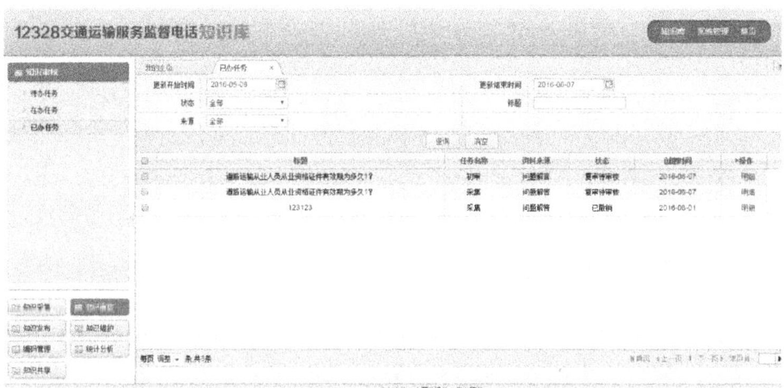

附图3-35 已办任务列表

(二)【知识审核】→【已办任务】的知识查询功能及操作与【知识审核】→【待办任务】一致。

(三)【知识审核】→【在办任务】的知识详情查看功能及操作与【知识审核】→【待办任务】一致。

(四)单击待办任务列表中的[明细],如附图3-36所示,进入已审核知识的预览界面,如附图3-37所示。

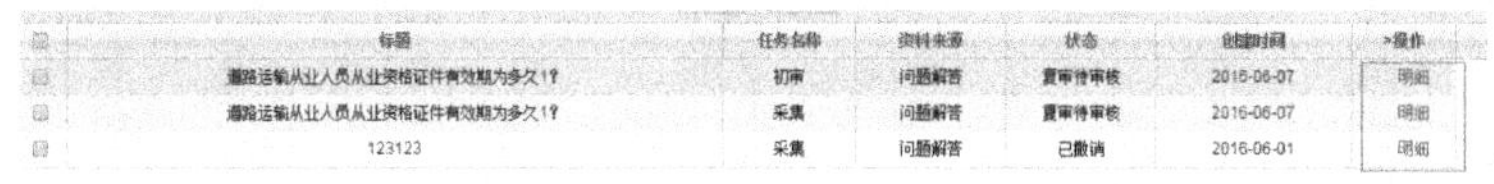

附图3-36 已办任务明细按钮

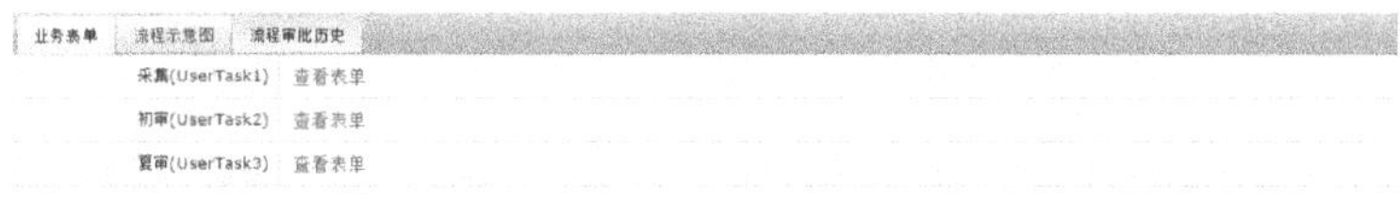

附图3-37 已审核知识明细页面

三、注意事项

（一）已办任务超过10条的，会在已办任务列表中分页显示，翻页应在列表下方进行操作，如附图3-38所示。

附图3-38　已办任务列表页面

（二）进行知识明细查看时，可以通过知识详情查看页面上方的“流程审批历史”查看该知识之前的审核情况，如附图3-39所示。

业务表单 | 流程示意图 | 流程审批历史

序号	任务名称	执行开始时间	结束时间	持续时间	执行人名	处理意见	处理状态
1	复审	2016-06-07 14:...			交通管理员		尚未处理
2	初审	2016-06-07 14:...	2016-06-07 14:...	6分钟	交通管理员		已处理
3	采集	2016-06-07 14:...	2016-06-07 14:...	小于1分钟	交通管理员	填写表单	已处理

附图3-39　审核历史列表

四、关联业务

在【知识审核】→【待办任务】或【知识审核】→【在办任务】中进行了审核操作的知识，可以从【知识审核】→【在办任务】中进行查询。

3.3　知识发布

知识发布是指具有知识发布权限的用户，将经审核知识在系统中进行发布，或已发布知识进行撤销的操作。知识发布包括“知识发布”“申请撤销”“知识撤销”3个模块。

3.3.1　知识发布

一、业务及功能描述

【知识发布】模块主要功能是让当前用户查询到本人有权发布的知识，并对该事项进行相关处理。

本模块提供了查询、发布的功能。

二、操作实务

在系统中按【知识发布】→【知识发布】的顺序进入本模块。

（一）进入模块后自动列出最近一个月新增的待发布知识列表，并显示出“标题”“任务名称”“资料来源”“状态”“创建时间”“操作”等项目，如附图 3-40所示。

附图 3-40　知识发布查询列表

(二)可以输入“更新时间”“来源”“标题”“状态”等查询条件,进行单项和组合条件查询,单击[查询]按钮,系统列出符合条件的知识。单击[清空]按钮可清空包括操作日期在内的全部查询条件。

①“更新时间”:查询相应时间段内的知识,默认显示最近一个月的日期。“更新时间”以对知识点执行最后操作的时间为准。

②“来源”:查询相应库种类别的知识,可选来源包括“政策文件”“问题解答”“办事指南”“通知公告”。

③“标题”:查询指定标题的知识,输入知识的标题进行查询,同时支持模糊查询。

④“状态”:查询处于相应发布状态的知识,可选状态包括“待发布”和“已发布”。

(三)单击知识发布列表中的[明细],如附图 3-41 所示,进入知识详细信息的查看页面,如附图 3-42 所示。

附图 3-41　知识发布明细按钮

(四)单击知识发布列表中的[发布],如附图 3-4 所示,进入知识发布详情界面,如附图 3-43 所示。

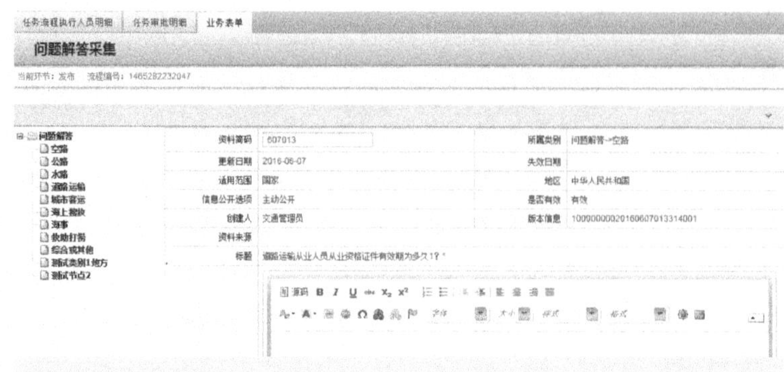

附图 3-42　知识详情查看

附图 3-43　知识发布按钮

单击[发布],系统打开知识详情页面,如附图 3-44 所示,单击[提交]按钮,完成发布。

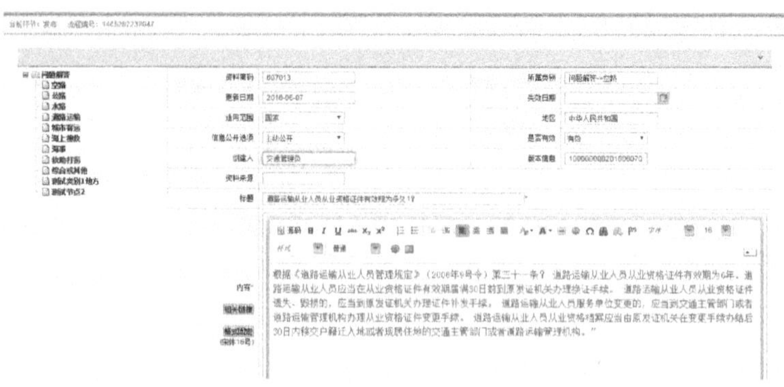

附图 3-44　知识发布详情页面

三、注意事项

（一）发布列表超过 10 条的，会在发布列表中分页显示，翻页应在列表下方进行操作，如附图 3-45 所示。

附图 3-45　发布列表翻页

（二）进行知识明细查看时，可以通过知识详情查看页面上方的“任务审批明细”查看该知识之前的审核情况，如附图 3-46 所示。

任务流程执行人员明细　任务审批明细　业务表单

序号	任务名称	执行开始时间	结束时间	持续时间	执行人名	处理意见	处理状态
1	发布	2016-04-13 16:...			交通管理员		尚未处理
2	终审	2016-04-13 16:...	2016-04-13 16:...	小于1分钟	交通管理员		已处理
3	初审	2016-04-13 16:...	2016-04-13 16:...	小于1分钟	交通管理员		已处理
4	采集	2016-04-13 16:...	2016-04-13 16:...	小于1分钟	交通管理员	填写表单	已处理

附图 3-46　审核历史列表

（三）当前用户需要查看本人进行发布操作的历史记录，可以在知识发布查询中选择状态为“已发布”的知识进行查询。

（四）知识发布环节可对知识内容进行编辑修改。

四、关联业务

知识发布后，可在【知识维护】模块中对知识进行修改和维护。

3.3.2　申请撤销

一、业务及功能描述

【申请撤销】模块主要功能是对本级用户创建的已发布知识进行申请撤销操作，启动撤销流程。

本模块提供了查询、申请撤销的功能。

二、操作实务

在系统中按【知识发布】→【申请撤销】的顺序进入本模块。

（一）进入模块后按查询条件查询所需要撤销的知识，并显示出各待办任务的“标题”“资料来源”“状态”“创建时间”“操作”等项目，如附图 3-47 所示。

附图 3-47　申请撤销列表

（二）可以输入“更新时间”“来源”“标题”“状态”等查询条件，进行单项和组合条件查询，单击［查询］按钮，系统列出符合条件的知识。单击［清空］按钮可清空包括操作日期在内的全部查询条件。

①“更新时间”：查询相应时间段内的知识，“更新时间”以对知识点执行最后操作的时间为准。

②“来源”：查询相应库种类别的知识，可选来源包括“政策文件”“问题解答”“办事指南”“通知公告”。

③“标题”：查询指定标题的知识，输入知识的标题进行查询，同时支持模糊查询。

④“状态”：查询处于相应状态的知识，可选状态包括“已发布”。

（三）单击申请撤销列表中的［申请撤销］按钮，进入申请撤销页面，如附图 3-48 所示。其中，撤销原因为必录项。单击［提交］按钮，启动撤销流程，知识流转到【知识审核】→【待办任务】等待审核。

三、注意事项

发布列表超过 10 条的，会在申请撤销任务列表中分页显示，翻页应在列表下方进行操作，如附图 3-49 所示。

四、关联业务

启动撤销流程后，知识流转到【知识审核】→【待办任务】由审核人进行审核。

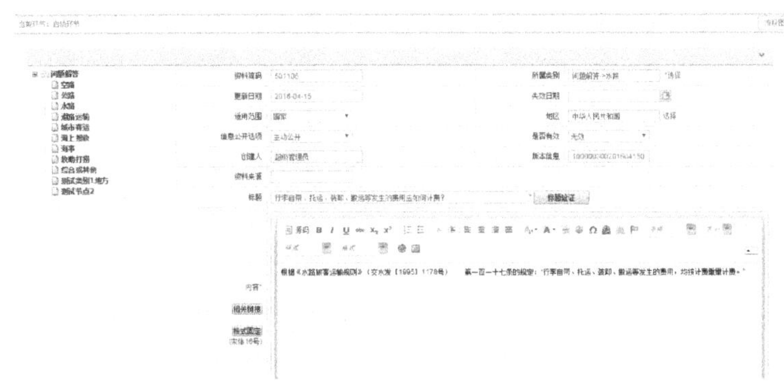

附图 3-48　申请撤销页面

附图 3-49　申请撤销列表翻页

3.3.3　知识撤销

一、业务及功能描述

【知识撤销】模块主要功能是将经审核的待撤销知识进行撤销操作，知识撤销后前台检索界面中将查询不到该知识。

本模块提供了查询、撤销的功能。

二、操作实务

在系统中按【知识发布】→【知识撤销】的顺序进入本模块。

（一）进入模块后需要根据查询条件查询出需要撤销知识，并显示出“标题”“任务名称”“资料来源”“状态”“创建时间”“操作”等项目，如附图 3-50 所示。

（二）可以输入“更新时间”“来源”“标题”等查询条件，进行单项和组合条件查询，单击［查询］按钮，系统列出符合条件的知识。单击［清空］按钮可清空包括操作日期在内的全部查询条件。

①“更新时间”：查询相应时间段内的知识，默认显示最近一周的日期。“操作日期”以对知识点执行最后操作的时间为准。

②“来源”：查询相应库种类别的知识，可选来源包括“政策文件”“问题解答”“办事指南”“机构信息”“通知公告”。

③“标题”:查询指定标题的知识,输入知识的标题进行查询,同时支持模糊查询。

附图 3-50　知识撤销查询列表

(三)单击知识撤销列表中的[撤销],如附图 3-51 所示,进入知识撤销预览界面,如附图 3-52 所示。

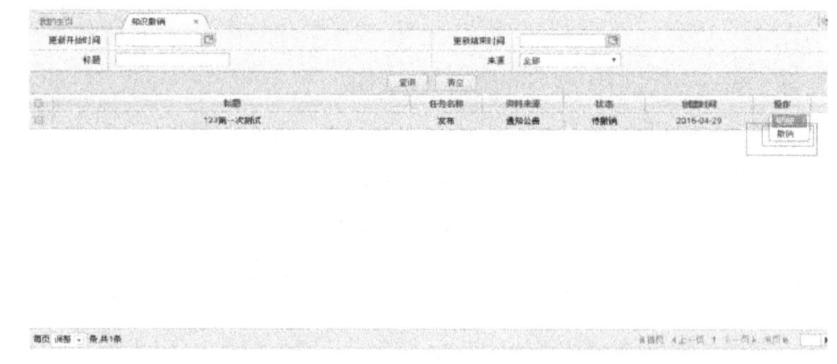

附图 3-51　知识撤销按钮

单击[提交],知识撤销成功。

三、注意事项

(一)知识撤销列表超过 10 条的,会在撤销列表中分页显示,翻页应在列表下方进行操作,如附图 3-53 所示。

(二)进行知识查看时,可以通过知识明细查看页面上方的“任务审批明细”查看该知识的之前的审核情况,如附图 3-54 所示。

附图 3-52 知识撤销预览页面

附图 3-53 知识撤销列表翻页

任务流程执行人员明细 | 任务审批明细 | 业务表单

序号	任务名称	执行开始时间	结束时间	持续时间	执行人名	处理意见	处理状态
1	发布	2016-06-07 17:...					尚未处理
2	初审	2016-04-29 09:...	2016-06-07 17:...	39天8小时3分钟	交通管理员		已处理
3	采集	2016-04-29 09:...	2016-04-29 09:...	小于1分钟	交通管理员	填写表单	已处理

附图 3-54 审核历史列表

四、关联业务

(一)知识撤销后,如果想恢复该知识,可在对应的维护模块进行恢复。

(二)知识撤销后,如果在系统中永久删除该知识,可通过【知识维护】→【知识归档】进行操作。

3.4 知识维护

3.4.1 问题解答维护

一、业务及功能描述

【问题解答维护】模块主要功能是对本级已发布过的问题解答进行维护,以便更好地对问题解答更新与修改。本模块提供了查询、编辑的功能。

二、操作实务

在系统中按【知识维护】→【问题解答维护】的顺序进入本功能模块,如附图3-55所示。

附图3-55　问题解答维护主页面

左侧树形结构菜单,对问题解答下包含的各项有条理地进行分类维护,单击左侧树下的节点,查询出属于此类别以及此类别的下级类别下的所有知识。如附图3-56所示。

输入"更新时间"起止时间"标题""创建人""状态""是否有效"条件,单击[查询]按钮,可以根据输入的条件查询出相关的所有信息列表,单击[清空]按钮,清空上述所有用户输入的查询条件。

单击其中一条记录的标题,可以弹出该记录的预览页面,如附图3-57所示。

单击某一条记录的[编辑]按钮,进入编辑页面,如附图3-58所示。

附图 3-56　左边树过滤列表内容

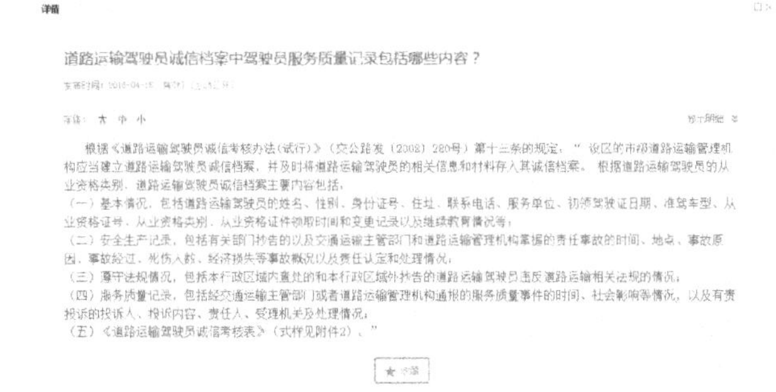

附图 3-57　查看页面

附图 3-58　问题解答编辑页面

（一）单击左边目录树节点，所选的类别添加到采集页面的“所属类别”框中，如附图3-59所示。

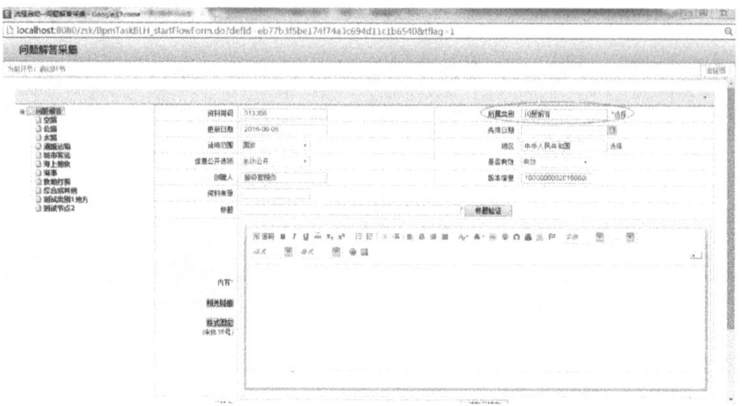

附图3-59　问题解答维护页面

①单击“所属类别”右边［选择］按钮，可选择所属类别，如附图3-60所示。

附图3-60　所属类别选择页面

②选择后，单击“确定”按钮，所选的类别添加到采集页面的“所属类别”框中。

③单击“移除”或双击“已选中列表”的类别，将删除该类别。

（二）系统根据登录的用户级别进行自动匹配“适用范围”和“地区”，“适用范围”会根据登录用户的级别进行过滤，“适用范围”可以选择本级及本下级的，如：省级用户登录，“适用范围”可以选择“省级”“地市”“区县”。

地区的选择会根据适用范围的变化而变化。如:“适用范围”选择了“省级”,则地区只能选择省,如附图 3-61 所示。

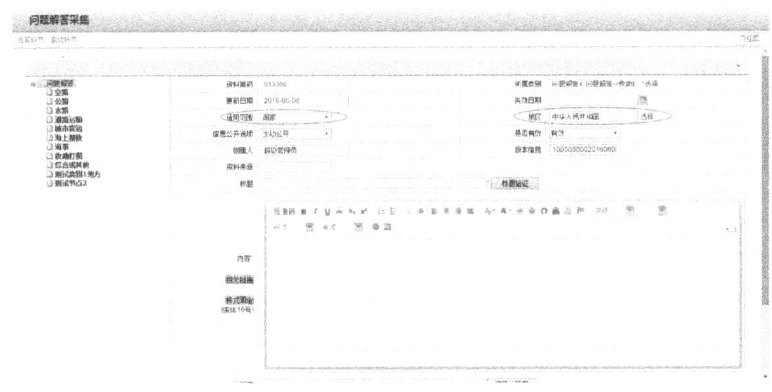

附图 3-61 适用范围与地区页面

(三)在“标题”框中录入标题后单击[标题验证]按钮,系统根据该标题存在的关键字进行查询,查询出与该标题有相同关键字的标题,弹出“相关标题”列表窗口,如附图 3-62 所示,单击[查看]按钮可浏览其内容。

标题验证

标题	操作
各级海事局所属的海事处管辖本辖区内哪些海事行政处罚案件?	查看
海事管理机构对船员培训机构实施日常监督管理和业务指导,应该配备哪些材料?	查看
海事行政执法人员应当在多长时间内将海事行政处罚决定书副本报所属海事管理机构备案?	查看
海事管理机构何时公布成绩?	查看
哪些海事请求具有船舶优先权?	查看
海事赔偿请求应当向谁提出?	查看
海事管理人员失职应如何处理?	查看
海事赔偿责任限制适用于哪些法律?	查看
海事管理机构应当送达当事人的海事违法行为通知书有哪些内容?	查看
海事行政执法人员依法当场作出海事行政处罚决定,应当遵守哪些程序?	查看
海事行政违法行为的当事人有哪些情形时,应当从重处以海事行政处罚?	查看
经过海事管理机构认定哪些事故,海事管理机构可以简化调查程序?	查看
海事管理机构对不属其管辖的海事行政处罚案件,应当如何处置?	查看
海事管理机构的哪些情形需要由国家海事管理机构责令改正?	查看
海事管理机构办理海事行政处罚案件的文书格式参照哪一标准?	查看

每页 调整 条,共342条 首页 上一页 1 2 3 4 5 下一页 末页

附图 3-62 标题验证页面

(四)采集内容时,可以根据需求改变所填内容的字体、颜色等操作。单击如附图 3-63 中图片上传按钮,弹出“图象属性”窗口,如附图 3-64 所示,可

以根据需求上传图片,上传成功后,图片显示到内容文本中。

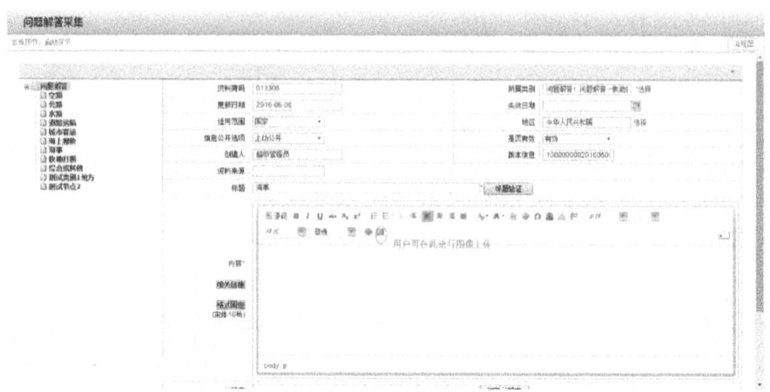

附图 3-63　内容编辑页面

附图 3-64　图象属性页面

(五)单击“内容”框中的[相关链接]按钮,弹出相关链接页面,如附图3-65所示。根据“资料简码”“标题”“库种类型”对所要相关联的知识进行查询,双击列表中知识的标题,即选中该知识进行相关联。所选择的关联知识添加到“已选中列表”中,但不会在内容中显示,在提交预览时可以浏览相关联的知识。

(六)单击“抽取关键字”按钮,根据采集的内容抽取出关键字,系统会自动将内容中的关键字录入到采集页面,关键字也支持手动输入,且输入的关键字之间必须以空格隔开。抽取完成后的页面如附图3-66所示。

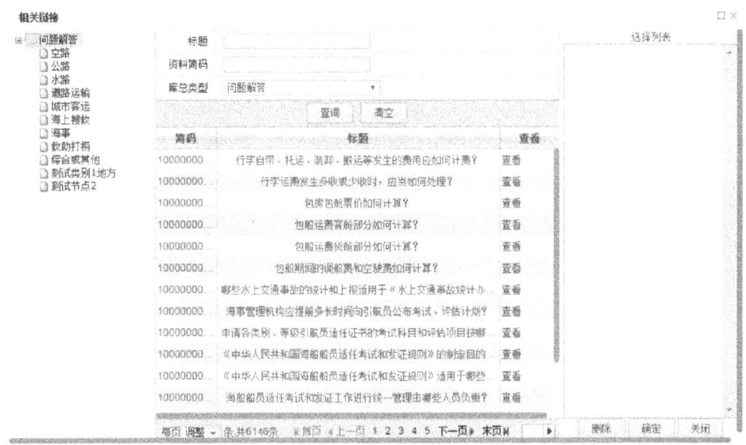

附图 3-65　相关链接添加页面

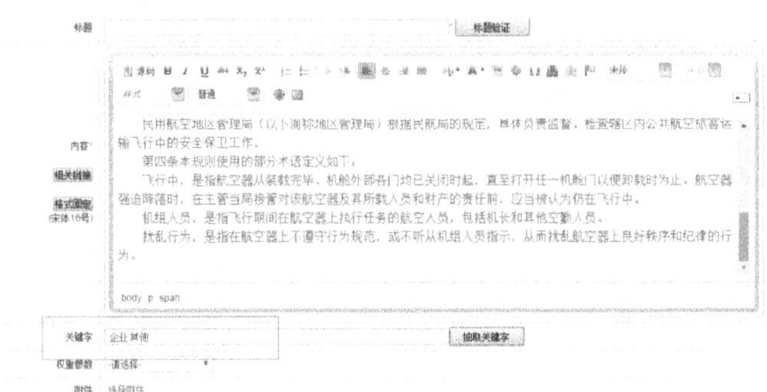

附图 3-66　关键字选择页面

（七）选择权重参数。

（八）单击[选择附件]按钮，弹出“文件上传列表”窗口，选择要上传的文件。可以上传多个需要上传的文件。根据需求可以对上传的附件进行取消操作，如附图 3-67 所示。

附图 3-67　文件上传列表页面

（九）单击[暂存]按钮，弹出提示框提示暂存成功，系统对该编辑的内容进入暂存处理。

（十）单击[提交]按钮，该知识流转至相关审核人员处理，知识采集任务完成。

三、注意事项

（一）编辑列表只包含本级的数据，对本级的数据可以进行维护。

（二）“适用范围”只能选择登录人本级及本级下级的“适用范围”，且“地区”的选择与“适用范围”的级别是一致的。

（三）抽取出的关键字必须以空格隔开，否则会影响检索页面。

（四）标题验证时根据标题内所具有的关键字进行查询。

（五）选择类别与地区时，当选择了下级就不能选择上级。

四、关联业务

该模块与【知识采集】→【系统管理】有关联。

3.4.2　办事指南维护

一、业务及功能描述

【办事指南维护】模块主要功能是对本级已发布过的办事指南知识进行维护，以便更好地对办事指南知识更新与修改。

本模块提供了对办事指南已发布知识的修改、查询功能。

二、操作实务

在系统中按【知识维护】→【办事指南维护】的顺序进入本功能模块，如附图3-68所示。办事指南维护其他操作与【问题解答维护】相同。

附图3-68　办事指南维护主页面

三、注意事项

（一）编辑列表包含本级的数据，对本级的数据可以进行维护。

（二）“适用范围”只能选择登录人本级及本级下级的“适用范围”，且“地区”的选择与“适用范围”的级别是一致的。

（三）抽取出的关键字必须以空格隔开，否则会影响检索页面。

（四）标题验证时根据标题内所具有的关键字进行查询的。

（五）选择类别与地区时，当选择了下级就不能选择上级。

四、关联业务

该模块与【知识采集】→【系统管理】相关联。

3.4.3　政策文件维护

一、业务及功能描述

【政策文件维护】模块主要功能是对本级已发布过的政策文件知识进行维护，以便更好地对政策文件知识更新与修改。本模块提供了查询、编辑的功能。

二、操作实务

在系统中按【知识维护】→【政策文件维护】的顺序进入本功能模块，如附图3-69所示。政策文件维护其他操作与【问题解答维护】相同。

附图3-69　政策文件维护主页面

三、注意事项

（一）编辑列表包含本级的数据，对本级的数据可以进行维护。

（二）“适用范围”只能选择登录人本级及本级下级的“适用范围”，且“地区”的选择与“适用范围”的级别是一致的。

（三）抽取出的关键字必须以空格隔开，否则会影响检索页面。

（四）标题验证时根据标题内所具有的关键字进行查询。

（五）选择类别与地区时，当选择了下级就不能选择上级。

四、关联业务

该模块与【知识采集】→【系统管理】相关联。

3.4.4 机构信息维护

一、业务及功能描述

【机构信息维护】模块主要功能是对本级已发布过的机构信息知识进行维护，以便更好的对机构信息知识更新与修改。本模块提供了查询、编辑的功能。

二、操作实务

在系统中按【知识维护】→【机构信息维护】的顺序进入本功能模块，如附图3-70所示。机构信息维护其他操作与【问题解答维护】相同。

附图3-70 机构信息维护主页面

三、注意事项

（一）编辑列表包含本级的数据，对本级的数据可以进行维护。

（二）“适用范围”只能选择登录人本级及本级下级的“适用范围”，且“地区”的选择与“适用范围”的级别是一致的。

(三)抽取出的关键字必须以空格隔开,否则会影响检索页面。

(四)标题验证时根据标题内所具有的关键字进行查询。

(五)选择类别与地区时,当选择了下级就不能选择上级。

(六)表证单书单击添加填表说明,并且可以单击多个单元格同时添加填表说明,双击会取消单元格的编号,请注意单击与双击的区别。

四、关联业务

该模块与【知识采集】→【系统管理】有关联。

3.4.5　通知公告维护

一、业务及功能描述

【通知公告维护】模块主要功能是对已发布通知公告知识的维护,本模块提供了查询、编辑通知公告知识的功能。

二、操作实务

在系统中按【知识维护】→【通知公告维护】的顺序进入本功能模块,如附图3-71所示。

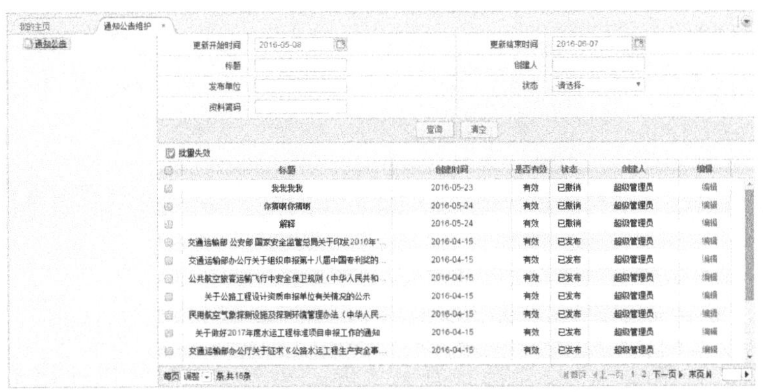

附图3-71　通知公告维护主页面

三、注意事项

(一)编辑列表包含本级的数据,对本级的数据可以进行维护。

(二)"适用范围"只能选择登录人本级及本级下级的"适用范围",且"地区"的选择与"适用范围"的级别是一致的。

(三)抽取出的关键字必须以空格隔开,否则会影响检索页面。

(四)标题验证时根据标题内所具有的关键字进行查询。

（五）选择类别与地区时，当选择了下级就不能选择上级。

四、关联业务

该模块与【知识采集】→【系统管理】相关联。

3.4.6 典型案例维护

一、业务及功能描述

【典型案例维护】模块主要功能是对已发布的典型案例知识进行维护，本模块提供了查询、编辑典型案例知识的功能。

二、操作实务

在系统中按【知识维护】→【典型案例维护】的顺序进入本功能模块，如附图3-72所示。

附图3-72　典型案例查询页面

三、注意事项

（一）编辑列表包含本级的数据，对本级的数据可以进行维护。

（二）“适用范围”只能选择登录人本级及本级下级的“适用范围”，且“地区”的选择与“适用范围”的级别是一致的。

（三）抽取出的关键字必须以空格隔开，否则会影响检索页面。

（四）标题验证时根据标题内所具有的关键字进行查询。

（五）选择类别与地区时，当选择了下级就不能选择上级。

四、关联业务

该模块与【知识采集】→【知识发布】→【系统管理】有关联。

3.4.7 知识归档

一、业务及功能描述

【知识归档】模块主要功能是对已撤销的知识进行归档管理。

二、操作实务

在系统中按【知识维护】→【知识归档】的顺序进入本功能模块，如附图3-73所示。

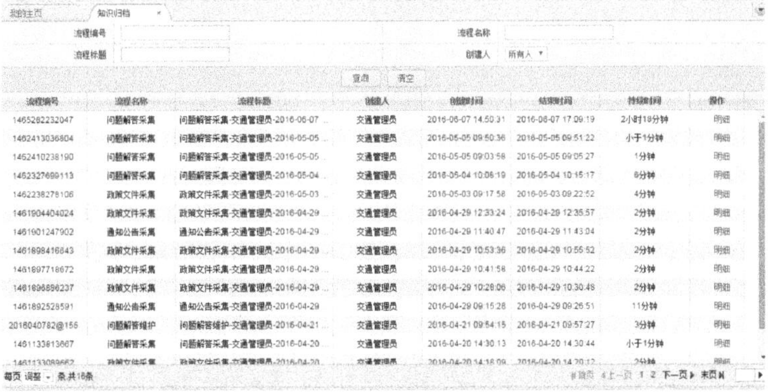

附图3-73 知识归档主页面

单击[查询]按钮，根据输入的条件进行相关查询并显示结果列表。

单击[清空]按钮，清空输入的查询条件。

三、注意事项

归档的数据，不能再进行发布操作。

四、关联业务

该模块与【知识发布】有关联。

3.5 编码管理

3.5.1 目录树维护

一、业务及功能描述

【目录树维护】模块主要功能是对知识库的知识类别目录树的维护。本模块提供了查询、新增、编辑、删除和类别导出的功能。

二、操作实务

在系统中按【编码管理】→【目录树维护】的顺序进入本功能模块，如附图3-74所示。

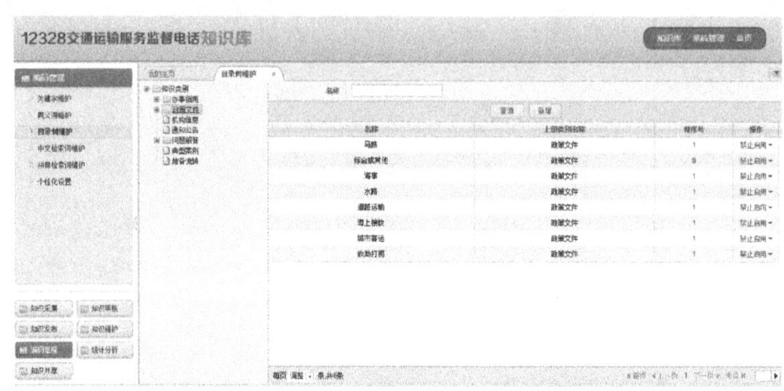

附图3-74 目录树维护窗口

（一）单击左侧任一目录树类别，右侧列表会展现其下级目录树类别列表。在“名称”提示框内输入需要查询的目录名称，单击［查询］按钮，可查询该目录树类别下的相关子类别。如果左侧单击的是“知识类别”则会查询所有的类别下，其他的则会查找相对应的子类别。

（二）单击左侧任一目录树类别，右侧会展开其下级目录树类别列表。单击［新增］按钮，弹出目录树新增窗口，此新增的类别是在该目录树类别下的新类别。如附图3-75所示。在操作界面中，录入“名称”“排序号”和“类别描述”等项目信息，单击［保存］按钮完成新增目录树类别，类别全称会自动增加，如：“名称”输入“政策法规”“类别全称”会自动增加“政策文件→政策法规”。

（三）单击左侧任一目录树类别，在右侧展开的下级目录树类别列表中选中某一子类别，单击［编辑］按钮，弹出目录树编辑窗口，如图3-76所示。在操作界面中，对“名称”“排序号”和“类别描述”等项目信息修改后，单击［保存］按钮完成修改目录树类别。

附图 3-75　目录树新增窗口

附图 3-76　目录树编辑窗口

（四）选中左侧任一目录树类别，在右侧展开的下级目录树类别列表中选取某一子类别，单击［删除］按钮，系统弹出确认删除提示框，单击［删除］按钮，完成删除目录树类别。单击［取消］按钮，取消删除目录树类别，如附图 3-77 所示。

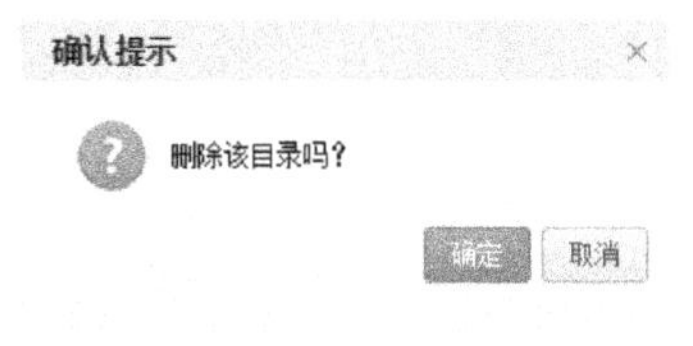

附图 3-77　确认删除提示框

（五）选中左侧任一目录树类别，在右侧展开的下级目录树类别列表中选取某一子类别，单击［禁止启用］按钮，此子类别将不启动，在维护等模块中用到此树的看不到此类别，［禁止启用］会变成［恢复启用］。反之亦然。

三、关联业务

该模块与[知识采集]→[目录树维护]、相关链接目录树选择、目录树检索有关联。

3.5.2 关键字维护

一、业务及功能描述

【关键字维护】模块主要功能是用于维护支持知识检索的知识库各库关键词。本模块提供了新增、编辑、删除的功能。

二、操作实务

在系统中按【编码管理】→【关键词维护】的顺序进入本功能模块，如附图3-78所示。

附图3-78 关键词维护窗口

（一）选中左侧任一关键字目录，右侧会展开其下设关键字列表。在“名称”提示框内输入需要检索的内容，单击[查询]按钮，可查询该目录树类别下包括检索内容的相关关键字。如果左侧单击的是“知识类别”则会查询所有的类别下，其他的则会查找相对应的子类别。

（二）选中左侧任一关键字目录，右侧会展开其下设关键字列表，如附图3-79所示。单击[新增]按钮，弹出关键词新增窗口，如附图3-80所示。在操作界面中，录入“名称”“简称”等项目信息，选择关键字对应的“所属类别名称”，单击[保存]按钮完成新增关键词。

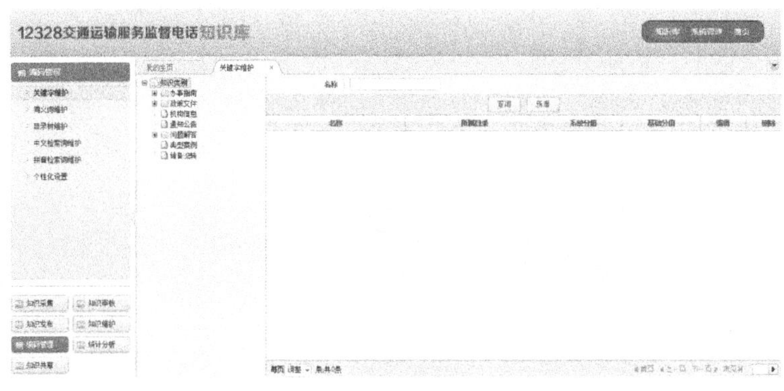

附图 3-79　关键词维护窗口

附图 3-80　关键词新增窗口

在关键字新增窗口,单击“所属类别名称”右侧的[选择]按钮,弹出类别选择窗口,如附图 3-81 所示。双击左侧任一目录树类别表示选中,双击右侧已选中列表的任一目录树类别表示移除,也可通过单击已选中列表的任一目录树类别,单击[移除]按钮移除。选择好关键字对应的“所属类别名称”后,单击[确定]按钮返回关键字新增窗口。

附图 3-81　关键字所属类别选择窗口

(三)选中左侧任一关键字目录,在右侧展开的下设关键字列表选中某一关键字,单击[编辑]按钮,弹出关键词编辑窗口。在操作界面中,编辑“名称”“简称”等项目信息,选择关键字对应的“所属类别名称”,单击[保存]按钮完成编辑关键词,如附图3-82所示。

附图3-82　关键字编辑窗口

附图3-83　确认删除提示框

(四)选中左侧任一关键字目录,右侧会展开其下设关键字列表,如附图3-79所示。单击列表中的[删除]按钮,系统弹出确认删除提示框,如附图3-83所示。单击[删除]按钮,完成删除关键字。单击[取消]按钮,取消删除关键字。

三、关联业务

知识采集、维护的关键字抽取,关键字检索,切词检索。

3.5.3　中文检索词维护

一、业务及功能描述

【中文检索词维护】模块主要功能用于维护知识检索的中文提示词。本模块提供了新增、编辑、删除和查询的功能。

二、操作实务

在系统中按【编码管理】→【中文检索词维护】的顺序进入本功能模块,如附图3-84所示。

(一)在“名称”提示框内输入需要检索的内容,单击[查询]按钮,可查询出包括检索内容的相关中文检索词。

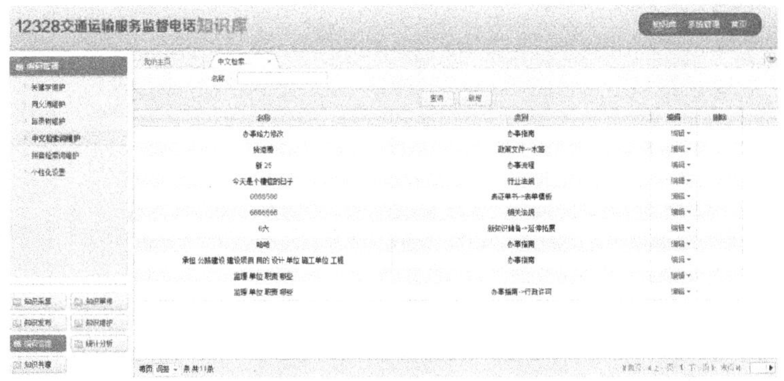

附图3-84　中文检索词维护窗口

（二）单击［新增］按钮，弹出中文检索词新增窗口，如附图3-85所示。在操作界面中，录入“名称”等项目信息，选择中文检索词对应的“所属类别”，单击［保存］按钮完成新增中文检索词。

附图3-85　中文检索词新增窗口

在中文检索词新增窗口，单击“所属类别”右侧的［选择］按钮，弹出所属类别选择窗口，如附图3-86所示。双击左侧任一目录树类别表示选中，双击右侧已选中列表的任一目录树类别表示移除，也可通过单击已选中列表的任一目录树类别，单击［移除］按钮移除。选择好中文关键词对应的“所属类别”后，单击［确定］按钮返回中文检索词新增窗口。

（三）在中文检索词列表上选中某一中文检索词，单击［编辑］按钮，弹出中文检索词编辑窗口，如附图3-87所示。在操作界面中，对“名称”“所属类别”等项目信息修改后，单击［保存］按钮完成编辑中文检索词。

（四）在中文检索词列表上选中某一中文检索词，单击［删除］按钮，系统弹出确认删除提示框，如附图3-88所示。单击［删除］按钮，完成删除中文检索词。单击［取消］按钮，取消删除中文检索词。

附图3-86　所属类别选择窗口

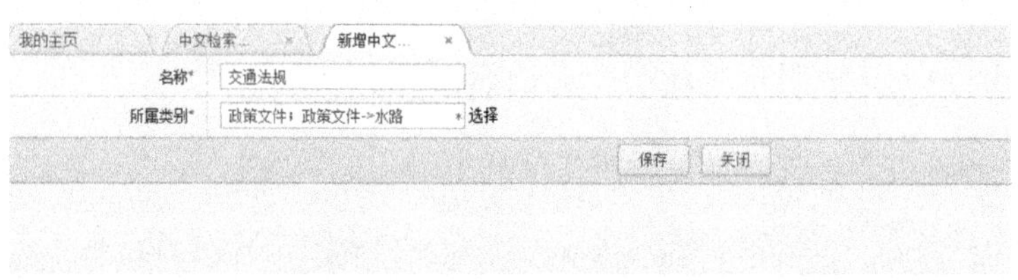

附图3-87　中文检索词编辑窗口

附图3-88　确认删除提示框

三、关联业务

知识检索中文提示词。

3.5.4　拼音检索词维护

一、业务及功能描述

【拼音检索词维护】模块主要功能用于维护知识检索的拼音提示词。本模块提供了新增、编辑、删除和查询的功能。

二、操作实务

在系统中按【编码管理】→【拼音检索词维护】的顺序进入本功能模块，如附图3-89所示。

附图3-89 拼音检索词维护窗口

（一）在“名称”提示框内输入需要检索的内容，单击［查询］按钮，可查询出包括检索内容的相关拼音检索词。

（二）单击［新增］按钮，弹出拼音检索词新增窗口，如附图3-90所示。在操作界面中，录入“名称”等项目信息，选择拼音检索词对应的“所属类别”，单击［保存］按钮完成新增拼音检索词。

附图3-90 拼音检索词新增窗口

在拼音检索词新增窗口，单击“所属类别”右侧的［选择］按钮，弹出所属类别选择窗口，如附图3-91所示。双击左侧任一目录树类别表示选中，双击右侧已选中列表的任一目录树类别表示移除，也可通过单击已选中列表的任一目录树类别，单击［移除］按钮移除。选择好拼音关键词对应的“所属类别”后，单击［确定］按钮返回拼音检索词新增窗口。

附图 3-91　所属类别选择窗口

（三）在拼音检索词列表上选中某一拼音检索词，单击［编辑］按钮，弹出拼音检索词编辑窗口，如附图 3-92 所示。在操作界面中，对“名称”“所属类别”等项目信息修改后，单击［保存］按钮完成编辑拼音检索词。

附图 3-92　拼音检索词编辑窗口

（四）在拼音检索词列表上选中某一拼音检索词，单击［删除］按钮，系统弹出确认删除提示框，如附图 3-93 所示。单击［删除］按钮，完成删除拼音检索词。单击［取消］按钮，取消删除拼音检索词。

附图 3-93　确认删除提示框

三、关联业务

知识检索拼音提示词。

3.5.5　同义词维护

一、业务及功能描述

【同义词维护】模块主要功能用于维护知识检索的同义提示词。当以任一专业术语作为关键词检索时，系统会自动将已维护的同义的通俗用语也作为关键词一并检索。本模块提供了新增、编辑、删除和查询的功能。

二、操作实务

在系统中按【编码管理】→【同义词维护】的顺序进入本功能模块，如附图3-94所示。

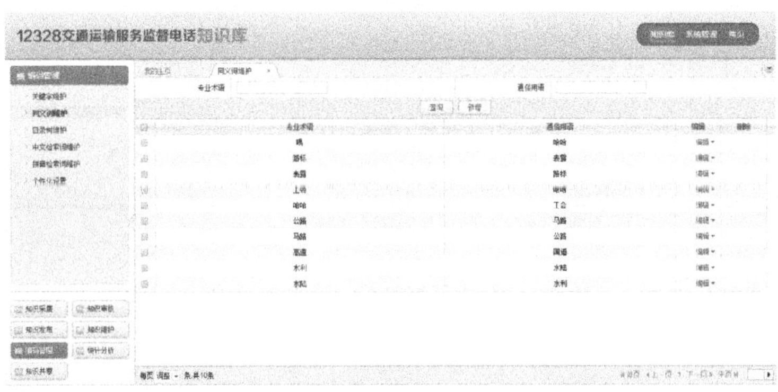

附图3-94　同义词维护窗口

（一）在"名称"提示框内输入需要检索的内容，单击［查询］按钮，可查询出包括检索内容的相关同义词。

（二）单击［新增］按钮，弹出同义词新增窗口，如附图3-95所示。在操作界面中，录入"专业术语""通俗用语"等项目信息，选择"专业术语"与"通俗用语"间的关联关系，单击［保存］按钮完成新增同义词。

附图3-95　同义词新增窗口

在同义词新增窗口,单击“通俗用语”下方的[增加]按钮,可同时新增多个对应的通俗用语,单击[取消]删除已增加的多个对应的通俗用语,如附图3-96所示。

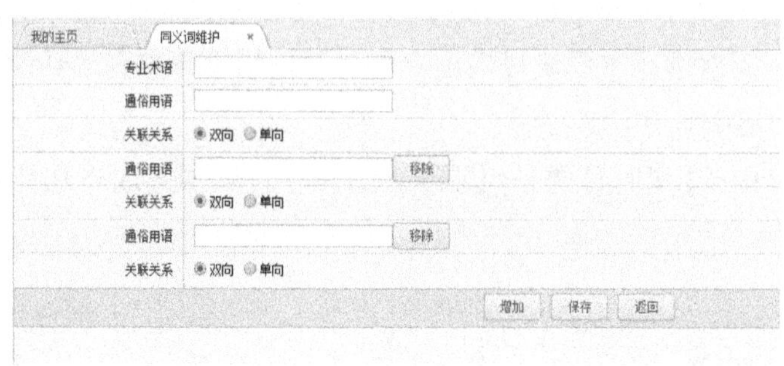

附图3-96　多个同义词新增窗口

(三)在同义词列表上选中某一同义词,单击[编辑]按钮,弹出同义词编辑窗口,如附图3-97所示。在操作界面中,编辑“专业术语”“通俗用语”等项目信息和“专业术语”与“通俗用语”间的关联关系后,单击[保存]按钮完成编辑同义词。

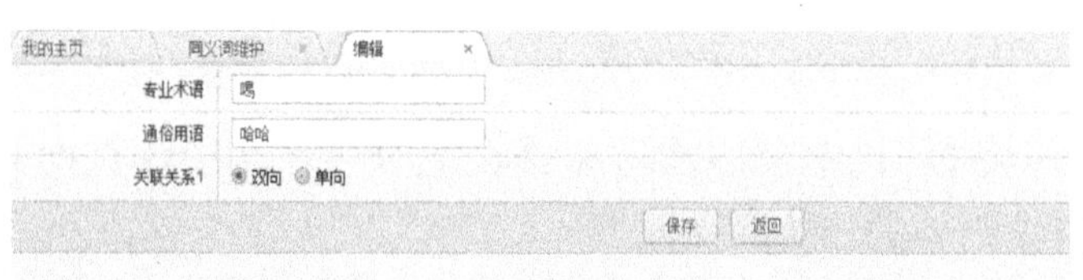

附图3-97　拼音检索词编辑窗口

(四)在同义词列表上选中某一同义词,单击[删除]按钮,系统弹出确认删除提示框,如附图3-98所示。单击[删除]按钮,完成删除同义词。单击[取消]按钮,取消删除同义词。

确认提示

删除

确定　取消

附图3-98　确认删除提示框

三、关联业务

知识检索同义词。

3.6　知识共享

3.6.1　EXCEL 数据导入

一、业务及功能描述

【EXCEL 数据导入】模块提供了将政策文件、问题解答、办事指南的知识以 EXCEL 格式批量导入知识库的功能。

二、操作实务

在系统中按【知识共享】→【EXCEL 数据导入】的顺序进入本模块，如附图 3-99 所示。

附图 3-99　EXCEL 数据导入界面

（一）用户首先应确定导入数据属于哪一库种，并在“请选择导入库”中进行选择，可选择的导入库包括“法规库”“问题库”“办事指南”。

（二）单击[浏览]按钮，系统提示选择要加载的 EXCEL 格式文件，如附图 3-100 所示。

（三）选择需要导入的文件，单击文件名后单击[打开]按钮，或直接双击文件名。如需增加多个文件，应单击[增加]按钮进行继续添加，如附图 3-101所示。

（四）确认全部文件选择完毕后，单击[导入]按钮，系统将该 EXCEL 格式知识导入知识库。

附图 3-100　选择要加载的 EXCEL 文件界面

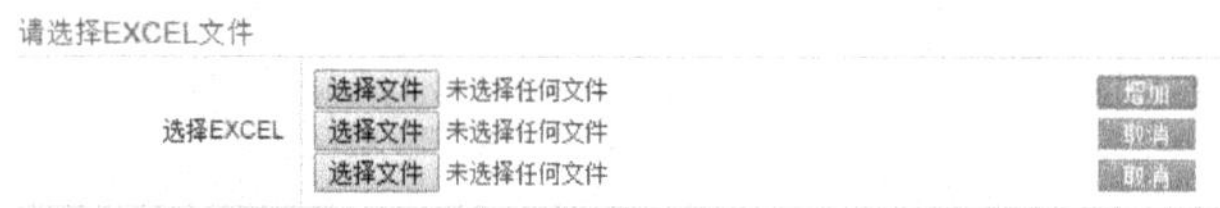

附图 3-101　增加导入文件

三、注意事项

（一）导入的文件必须为 EXCEL 格式，且导入文件最大为 20MB。

（二）用户在导入文件前，需下载相应的 EXCEL 文件模板，导入的文件格式要与相应的模板一致，即：列数相同，每列的数据格式相同等。

（三）单击［导入］按钮后，如导入数据量大或导入文件多可能需要等待较长时间，需耐心等待。

3.7　统计分析

综合查询

一、业务及功能描述

【综合查询】模块主要功能是用于查询知识库中所有知识的维护情况。本模块提供了查询、清空查询的功能。

二、操作实务

在系统中按【统计分析】→【综合查询】的顺序进入本功能模块，如附图3-102所示。

附图3-102　综合查询窗口

（一）选择查询条件，单击［查询］按钮，系统会根据预设条件进行查询，如附图3-103所示。

附图3-103　综合查询结果窗口

可操作选项：

①更新时间：知识的最后一次更新时间。

②创建人：知识的创建人，系统支持手工输入方式，也支持列表选择方式。

③标题：知识的标题。

④状态：知识的状态，包括采集、审核、发布、撤销、归档等所有状态。

⑤所属类别：知识所对应的目录树类别。

⑥有效性：知识的有效性。

⑦资料简码:知识所对应的资料简码。

(二)单击[清空]按钮,系统清空所有已选条件,可重新选择查询条件,如附图 3-104 所示。

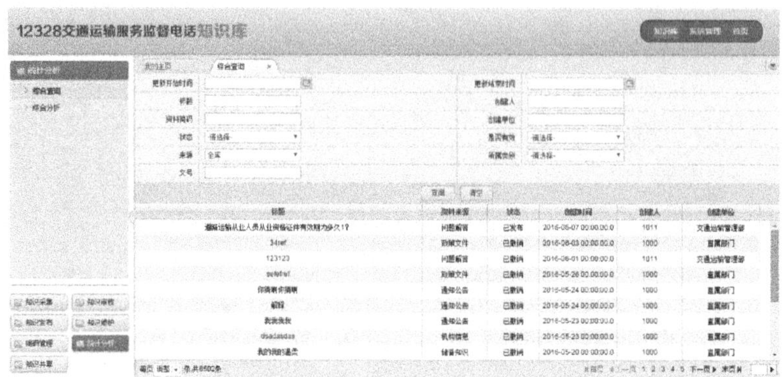

附图 3-104　综合查询窗口

3.8　系统管理

3.8.1　机构管理

一、业务及功能描述

【机构管理】模块主要功能是可对本级机构和下级机构进行管理。

二、操作实务

(一)在系统中按【系统管理】→【机构管理】的顺序进入本功能模块,如附图 3-105 所示。

(二)对机构进行添加、更新、删除。

①在附图 3-105 中,对机构信息中所列项目进行编辑,修改成功后,单击[更新]按钮,修改成功。

②单击[删除]按钮,会删除该机构。如果机构下已经设置了部门,则机构不可删除。

③单击[关闭]按钮,系统返回机构管理操作界面。

附图 3-105　机构管理操作模块

④单击［添加］按钮，系统进入【新建下级机构】操作模块，对该机构的下级机构进行添加操作。填写完成后，单击［保存］就成功添加机构，单击［关闭］就会关闭弹出窗口。

三、注意事项

新建下级机构时，行政区划为必选项，必须在【系统管理】→【行政区划】中先维护好行政区划，否则无法添加。

四、关联业务

该模块与【系统管理】→【行政区划】有关联。机构设置完毕，才可以维护【部门管理】。

3.8.2　部门管理

一、业务及功能描述

【部门管理】模块主要功能是可对本级部门和下级部门进行管理。

二、操作实务

（一）在系统中按【系统管理】→【部门管理】的顺序进入本功能模块，如附图 3-106 所示。根据选择的机构可以看到该机构下的所有部门。

（二）对部门进行新建、编辑、删除。

①在附图 3-106 中单击左上角［新建］按钮，在该机构下新建一个部门，如附图 3-107 所示。填写完成单击［保存］完成新建部门，单击［关闭］就会关闭弹出框。关闭弹出框后，可以在列表中可以找到新建的部门。

附图 3-106 部门管理操作模块

附图 3-107 新建部门页面

②在列表中勾选一个部门，如附图 3-108 所示，可以进行编辑，编辑页面如附图 3-109 所示。如多选，则[编辑]按钮不可用。编辑完成后，单击[保存]按钮，部门修改成功，单击[关闭]按钮，返回【部门管理】主页面。

③在列表中勾选一个或多个部门，单击菜单中的[删除]按钮，可以进行部门的删除。如果部门下设置了用户则部门不可删除，所以在删除前请确认清空该部门下的用户。

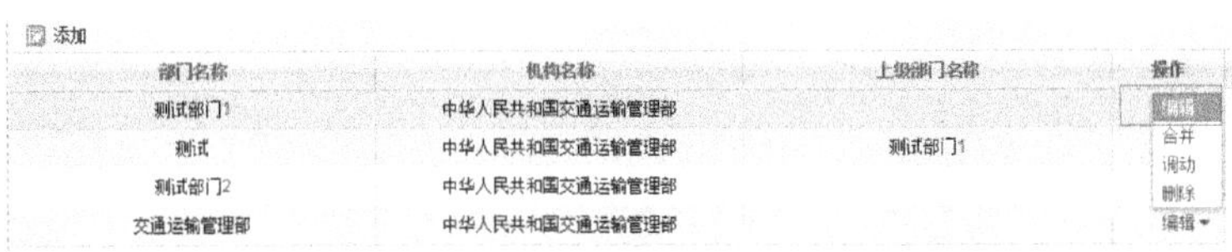

附图 3-108　选择部门进行编辑页面

附图 3-109　编辑部门页面

④若部门列表分多页，则单击菜单中的［首页］［上一页］［下一页］［末页］按钮，可对列表进行翻页操作。

三、注意事项

（一）删除部门时，请确认该部门下已无用户，否则部门不可删除。

（二）只要涉及知识库维护的部门都需要维护进来，便于分类创建知识管理用户。

四、关联业务

【系统管理】→【机构管理】中对机构进行删除时，若机构中还有部门，则不能删除机构，需要先在【系统管理】→【部门管理】中对部门进行删除。

3.8.3　行政区划

一、业务及功能描述

【行政区划】模块主要功能是可对行政区划进行管理。

二、操作实务

（一）在系统中按【系统管理】→【行政区划】的顺序进入本功能模块，

（二）单击［新增下级］按钮，可以对相关的省、市、区添加下级，输入信息后单击［保存］按钮添加行政区划，单击［关闭］按钮关闭新增下级页面，返回行政区划管理主页面。

三、注意事项

行政区划是按国家统计部门规划的编码进行初始化，原则上不允许删除，如有不一致的，可自行添加、修改。

四、关联业务

新增行政区划的单位一定要在机构管理中维护机构，对该机构做一系列的初始化配置：部门维护、用户管理、权限管理、流转明细权限配置。

3.8.4 用户管理

一、业务及功能描述

【用户管理】模块主要功能是可对机构中的用户进行管理。

二、操作实务

（一）在系统中按【系统管理】→【用户管理】的顺序进入本功能模块，如附图3-110所示。

选择一个机构后，就可以在该机构下进行用户操作。

附图3-110　用户管理主页面

(二)对用户进行增删改查。

①单击[新建]在该机构下新建一个部门,如附图3-111所示。单击[部门名称]可以选择当前机构下的部门,密码默认为“123456”,完成后,单击[保存]按钮保存用户,单击[关闭]关闭添加用户页面,返回用户管理主页面。列表中显示新添加的用户。

附图3-111　添加用户页面

②在列表中选择一个用户,单击菜单中的[编辑]按钮打开编辑页面编辑用户信息,如附图3-112所示。编辑完成后单击[保存]按钮保存用户信息,单击[关闭]按钮就会关闭编辑页面并返回用户管理主页面。

附图3-112　用户信息编辑页面

(三)选中列表中的用户后,单击菜单中的[授权]按钮可打开用户授权页面对用户进行授权,如附图3-113所示。在功能授权页面,选择一个或多个权限后,单击[授予功能角色]按钮,完成对该用户的功能授权。

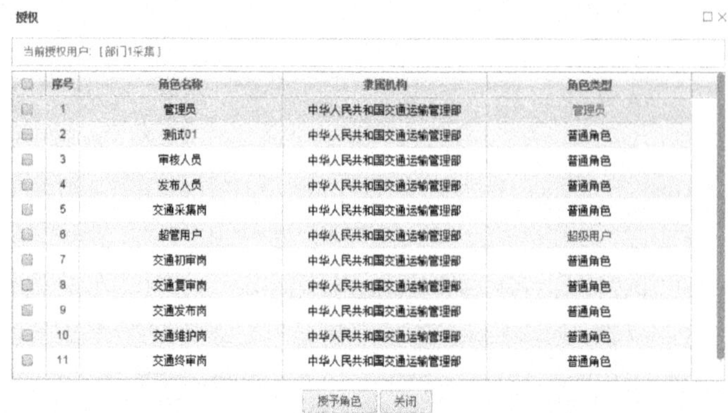
授权

当前授权用户：[部门1采集]

序号	角色名称	隶属机构	角色类型
1	管理员	中华人民共和国交通运输管理部	管理员
2	测试01	中华人民共和国交通运输管理部	普通角色
3	审核人员	中华人民共和国交通运输管理部	普通角色
4	发布人员	中华人民共和国交通运输管理部	普通角色
5	交通采集岗	中华人民共和国交通运输管理部	普通角色
6	超管用户	中华人民共和国交通运输管理部	超级用户
7	交通初审岗	中华人民共和国交通运输管理部	普通角色
8	交通复审岗	中华人民共和国交通运输管理部	普通角色
9	交通发布岗	中华人民共和国交通运输管理部	普通角色
10	交通维护岗	中华人民共和国交通运输管理部	普通角色
11	交通终审岗	中华人民共和国交通运输管理部	普通角色

授予角色　关闭

附图 3-113　功能授权页面

（四）在列表中可以对用户进行启用/禁用、密码修改操作，如附图 3-114 所示。

附图 3-114　用户列表操作页面

①用户新建后，列表中“是否有效”默认为“是”，“启用/禁用”显示“禁用”，在列表中单击［禁用］按钮就会对用户禁用。禁用的用户无法登录知识库。禁用用户后，在列表中单击［启用］按钮可重新启用该用户。

②在列表中单击［密码重置］按钮可以对用户密码进行修改，如附图 3-115所示。“密码”与“密码确认”输入一致后，单击［保存按钮］重置密码，单击［关闭］按钮关闭密码重置页面，返回用户管理主页面。

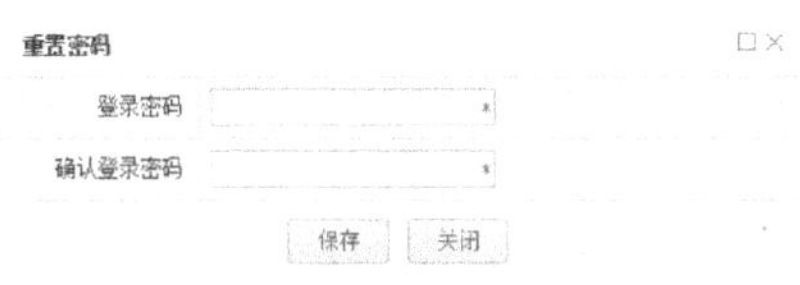

附图 3-115　修改用户密码页面

（五）若用户列表分多页，则单击菜单中的［首页］［上一页］［下一页］［末页］按钮，可对用户列表进行翻页操作。单击［查询］按钮可查询用户，如附图 3-116 所示。可根据"用户名称""用户账号"进行模糊查询。

附图 3-116　用户查询页面

三、注意事项

（一）新建用户时，"部门名称"为必选项，若该机构中没有部门，则不能添加用户。所以必须在【系统管理】→【部门管理】添加新的部门。

（二）用户一旦建立，将不允许删除，只能通过禁用来管理，所以不要随意创建用户，避免产生数据垃圾。

（三）删除部门时，必须清空部门下的用户才可进行部门的删除。

四、关联业务

（一）要使类别授权生效，必须在【系统管理】→【系统设置】中设置"启动类别授权"为"启动"。

（二）用户管理创建的操作人员需要配置【权限管理】中的管理角色。

3.8.5　角色管理

一、业务及功能描述

【角色管理】模块主要功能是管理系统角色，分配用户可进行的操作。

二、操作实务

（一）在系统中按【系统管理】→【角色管理】的顺序进入本功能模块，如附图3-117所示。

附图3-117　权限管理主页面

（二）对角色进行增删改查。

①单击［新建］可以新建权限，如附图3-118所示。填写完成后单击［保存］按钮，添加新的权限，单击［关闭］按钮返回权限管理主页面。

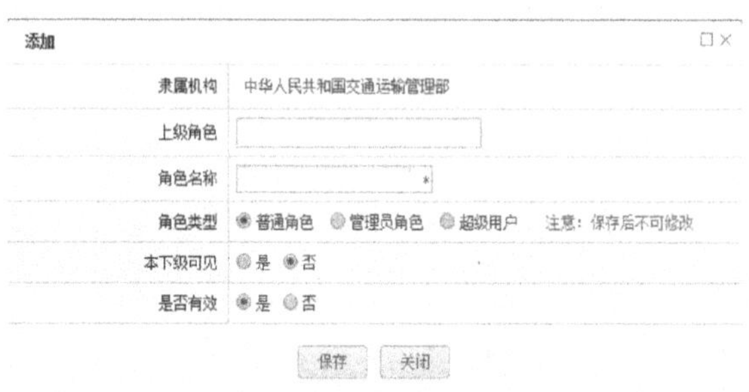

附图3-118　新建权限页面

②在权限列表选择一个或多个权限后，单击才操作菜单中的［删除］按钮删除权限，如附图3-119所示。如果该权限中已配置有用户，则不能进行删除，如附图3-120所示，请先删除该权限中的用户。

查询　清空

添加

序号	角色代码	角色名称	隶属机构	角色类型	可见范围	状态	操作
1	011	管氏部落	中华人民共和国交通运输管…	普通角色	本级	有效	编辑
2	010	交通终审岗	中华人民共和国交通运输管…	普通角色	本级	有效	功能授权
3	009	交通维护岗	中华人民共和国交通运输管…	普通角色	本级	有效	角色分配 删除
4	008	交通发布岗	中华人民共和国交通运输管…	普通角色	本级	有效	编辑 ▾
5	007	交通复审岗	中华人民共和国交通运输管…	普通角色	本级	有效	编辑 ▾
6	006	交通初审岗	中华人民共和国交通运输管…	普通角色	本级	有效	编辑 ▾
7	005	超管用户	中华人民共和国交通运输管…	超级用户	本级	有效	编辑 ▾
8	004	交通采集岗	中华人民共和国交通运输管…	普通角色	本级	有效	编辑 ▾
9	003	发布人员	中华人民共和国交通运输管…	普通角色	本级	有效	编辑 ▾
10	002	审核人员	中华人民共和国交通运输管…	普通角色	本级	有效	编辑 ▾
11	001	测试01	中华人民共和国交通运输管…	普通角色	本级	有效	编辑 ▾
12	000	管理员	中华人民共和国交通运输管…	管理员	本级	有效	编辑 ▾

每页 调整 ▾ 条 共12条

附图 3-119　权限操作菜单

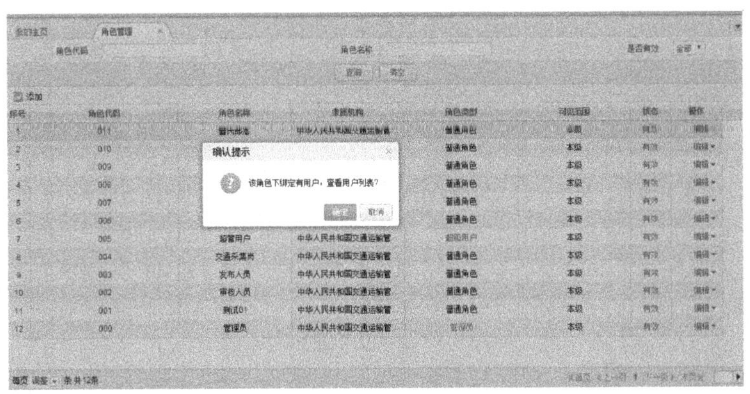

附图 3-120　删除权限提示

③选中权限列表中的某一权限后，单击操作菜单中的［编辑］按钮，对该权限进行编辑，如附图 3-121 所示。若多选列表中的权限，则［编辑］按钮不可用。编辑完成信息后，单击［保存］按钮可保存修改，单击［关闭］按钮可关闭权限编辑页面。

④单击操作菜单中的［查询］按钮，可查询权限，如附图 3-122 所示。编辑“功能角色代码”或“功能角色名称”后，单击［查询］按钮，权限列表中显示符合要求的权限，支持模糊查询。

（三）选择权限列表中的一个权限后，单击操作菜单中的［授权］，打开角色授权页面，如附图 3-123 所示，对该角色进行授权。授权页面中，角色功能授权页面可编辑该权限可操作的菜单选项，附图 3-123 中，选择功能角色后，单击［授予功能资源］，完成资源授权，有该权限的用户登录知识库后，可操作如附图 3-124 所示的资源。在如附图 3-125 所示页面中，可以给该角色添加用户。在“机构”菜单中选择机构后，用户列表中显示该机构的用户，可选择一个或多个用户后单击［授予角色］按钮完成授权。单击［关闭］按钮关闭授权页面返回权限管理主页面。

附图 3-121　权限编辑页面

附图 3-122　权限查询页面

附图 3-123　角色授权页面

附图 3-124 授权后用户可操作资源　　附图 3-125 角色人员授权页面

三、注意事项

（一）管理人员只能建立本单位的角色，如果“本下级可见”选择“是”，那么下级单位可以看到该角色，也可以使用该角色权限。

（二）即使下级使用上级单位的角色，但是流程及操作权限也仅限于本单位。

（三）平行级别的单位不能相互共享角色。

（四）角色代码建立后，代码将不允许修改。

（五）角色被用户使用后，将不允许删除，只有撤除所有用户，才能删除该角色。

（六）有用户使用角色时，请慎重设置角色“是否有效”，否则导致用户无法操作对应的系统功能模块。

四、关联业务

（一）建立角色后在【用户管理】模块内配置用户的权限。

（二）建立角色后在【流转参与人员配置】模块内设置业务流程。

4　知识库流程示例

一、业务描述

知识库采集流程是指知识从采集到审核、发布的过程。发布后的知识可以在检索页面检索到。知识发布后需要进行修改或添加地方补充的，需要进行知识维护，具体流程与知识采集一致。

知识库撤销流程是指知识发布后由申请撤销到审核、撤销、归档的过程。撤销后的知识不能再在检索页面检索到。

二、流程描述

（一）知识采集流转

（1）同级流转

通过系统设置，知识采集流转环节可以灵活配置，初审、复审、终审人员均可直接向发布岗进行知识流转，即配置为一级、二级、三级审核。知识库初始采集阶段，还可配置为不启用审核流程，以及系统自动发布。附图4-1～附图4-4所示为知识发布同级流转的完整环节。

①国家级流转

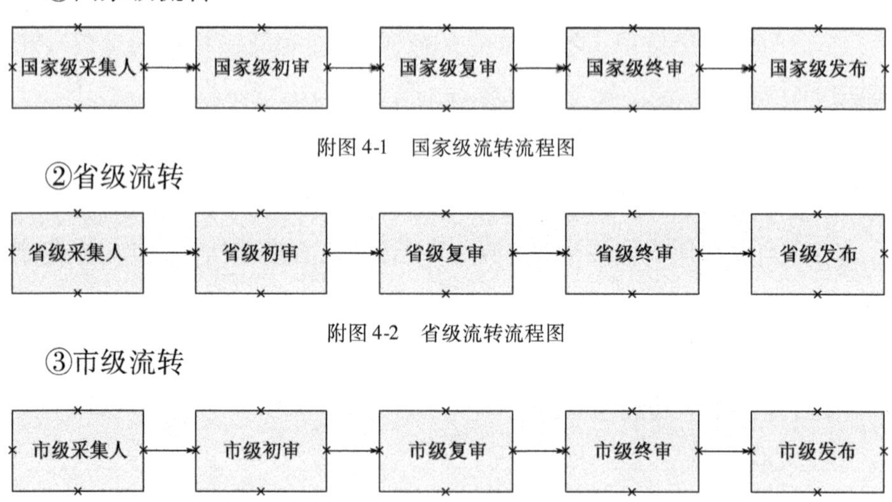

附图4-1　国家级流转流程图

②省级流转

附图4-2　省级流转流程图

③市级流转

附图4-3　市级流转流程图

④县级流转

附图 4-4　县级流转流程图

（二）知识撤销流转

通过系统设置，知识撤销流转环节可以灵活配置，初审、复审、终审人员均可直接向撤销岗进行知识流转，即配置为一级、二级、三级审核。被撤销的知识可以进行恢复，如希望永久删除该知识，可以执行归档操作。如附图 4-5 所示为知识撤销流转的完整环节，知识撤销无跨级流转。

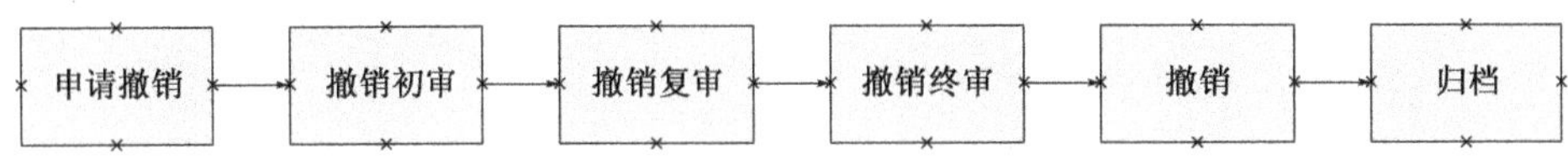

附图 4-5　知识撤销流转流程图

三、操作实务

（一）知识采集流程

以省级问题解答知识采集流转为例，其他各级知识采集流转参照省级知识发布流转操作。

省级采集人发起采集流程，省级采集人→省级初审→省级复审→省级终审→省级发布的省级内部流转。

①省级采集人登录知识库，进入【知识采集】→【问题解答采集】采集政策文件，如附图 4-6 所示。准确填写全部采集项目后进行提交，该条知识流转到省级初审环节。

②省级初审人员登录知识库，在【知识审核】→【待办任务】中选择记录并进入审核编辑页面，如附图 4-7 所示。编辑“审核意见”并选择“处理方式”为“转复审”，单击[通过]按钮后，知识流转到省级复审环节。

③省级复审人员登录知识库，在【知识审核】→【待办任务】中选择记录并进入审核编辑页面，如附图 4-8 所示。编辑“审核意见”并选择“处理方式”为“转终审”，单击[通过]按钮后知识流转到省级终审环节。

④省级终审人员登录知识库，在【知识审核】→【待办任务】中选择记录

并进入审核编辑页面,如附图 4-9 所示。编辑“审核意见”并选择“处理方式”为“转发布”,单击[通过]按钮后知识流转到省级发布环节。

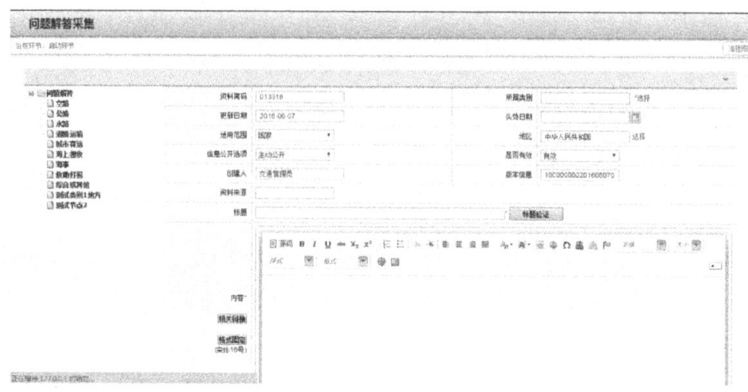

附图 4-6　问题解答采集界面

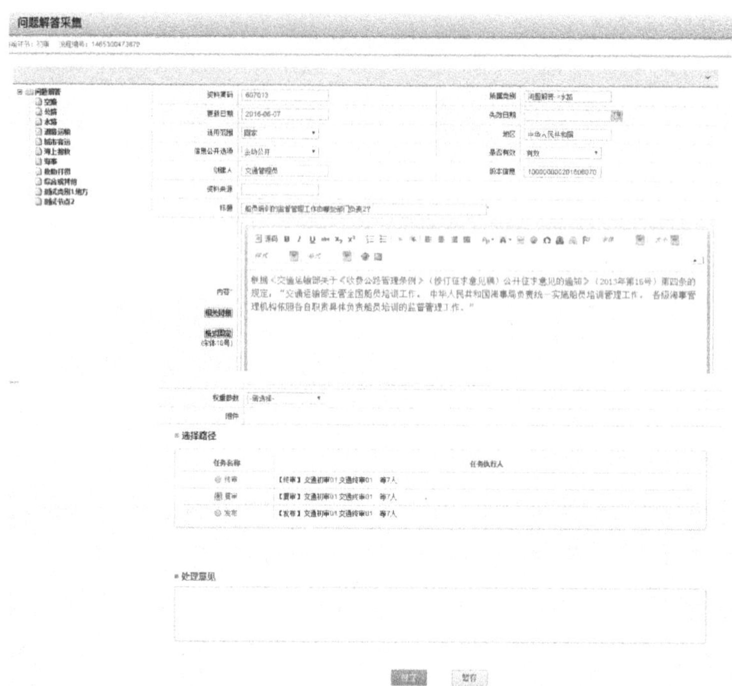

附图 4-7　问题解答初审编辑页面

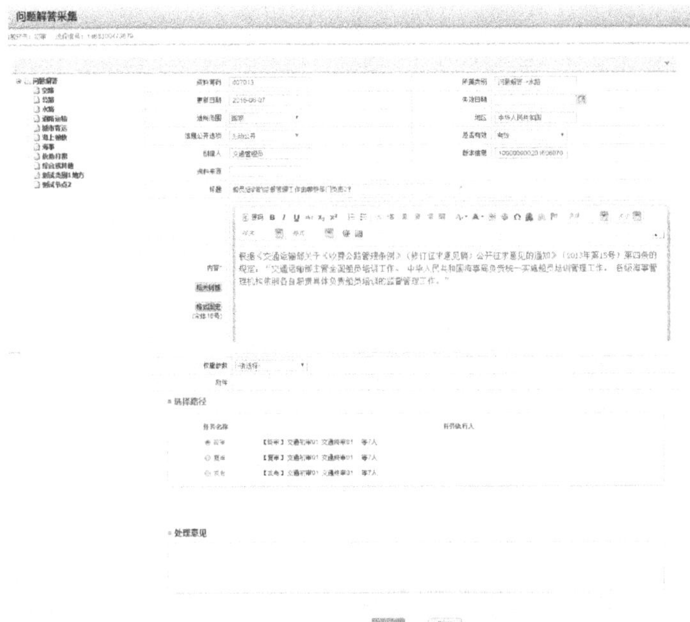

附图 4-8　问题解答复审编辑页面

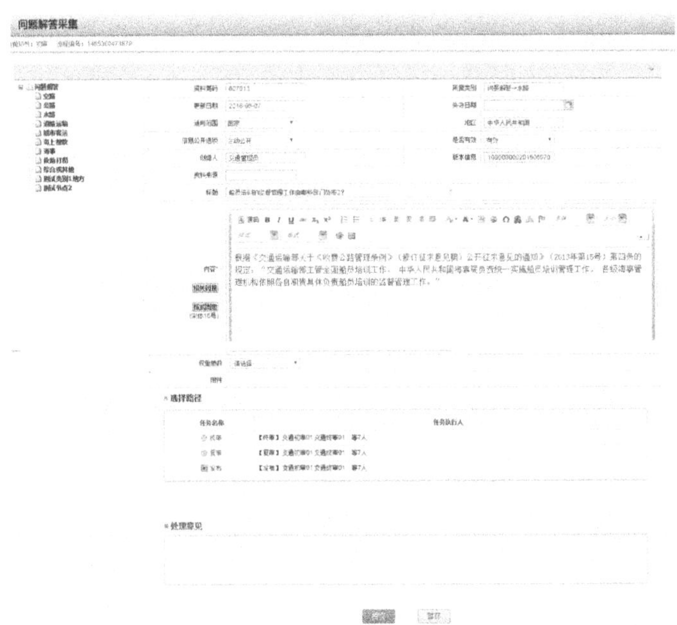

附图 4-9　问题解答终审编辑页面

⑤省级发布人员登录知识库,在【知识发布】→【知识发布】中选择记录并进入知识发布页面,如附图 4-10 所示。单击[发布]按钮发布知识。

附图 4-10　问题解答发布页面

(二)知识撤销流程

以省级问题解答知识撤销为例,其他各级知识撤销流转参照省级知识撤销流转操作。

省级申请撤销人员发起撤销流程,省级申请撤销→省级初审→省级复审→省级终审→省级知识撤销的省级内部流转。

①申请撤销人员登录知识库系统, 在【知识发布】→【申请撤销】中选择需撤销的记录并进入申请撤销页面,如附图 4-11 所示。编辑“撤销原因”后,单击[提交]按钮启动撤销流程,知识流转到省级初审环节。

附图 4-11　申请撤销页面

②撤销初审人员登录知识库系统，在【知识审核】→【待办任务】中选择该记录并进入撤销流程审核页面，如附图4-12所示。编辑“审核意见”并选择“处理方式”为“转复审”，单击［通过］按钮后知识流转到省级复审环节。

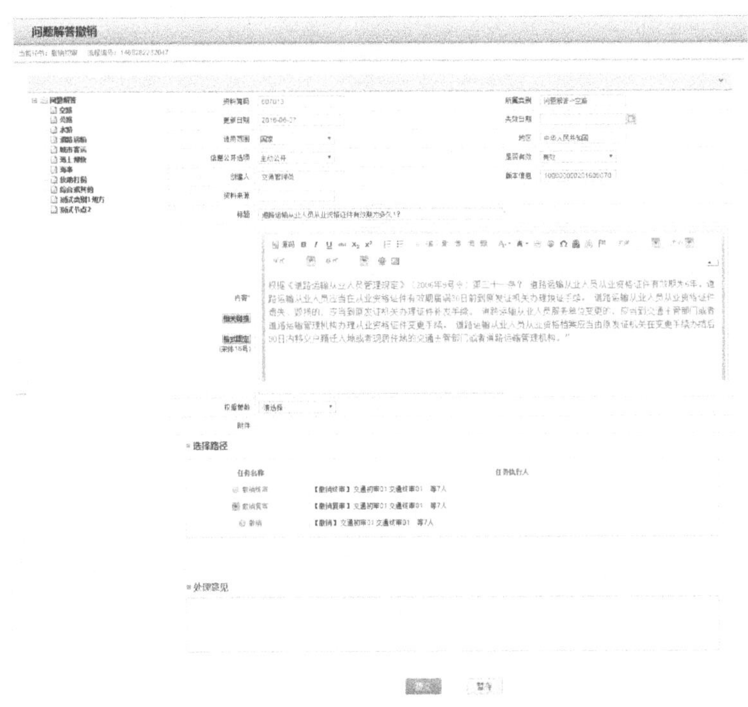

附图4-12　问题解答撤销流程初审编辑页面

③撤销复审人员登录知识库系统，在【知识审核】→【待办任务】中选择该记录并进入撤销流程审核页面，如附图4-13所示。编辑“审核意见”并选择“处理方式”为“转终审”，单击［通过］按钮后知识流转到省级终审环节。

④撤销终审人员登录知识库系统，在【知识审核】→【待办任务】中选择该记录并进入撤销流程审核页面，如附图4-14所示。编辑“审核意见”并选择“处理方式”为“转撤销”，单击［通过］按钮后知识流转到省级知识撤销环节。

附图 4-13　问题解答撤销流程复审编辑页面

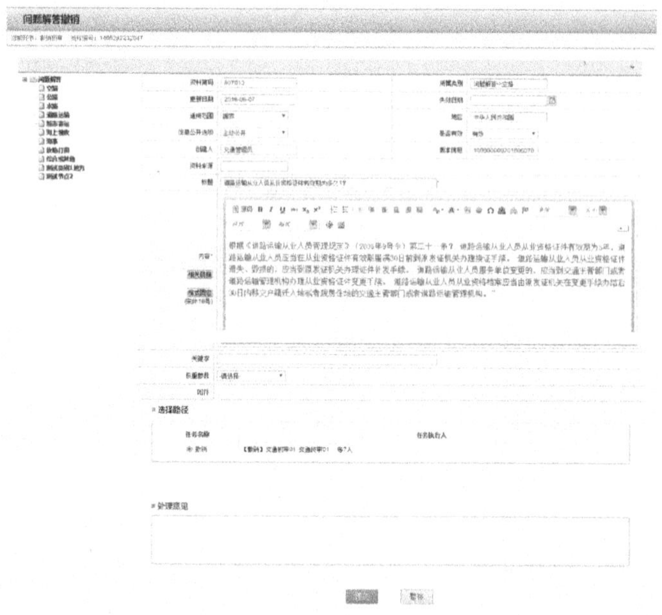

附图 4-14　问题解答撤销流程终审编辑页面

⑤知识撤销人员登录知识库系统，在【知识发布】→【知识撤销】中选择该记录并进入撤销页面，如附图4-15所示。单击[撤销]按钮对知识进行撤销。

附图4-15　问题解答撤销流程页面

四、注意事项

（一）"问题解答""办事指南""政策文件""机构信息""通知公告""典型案例"六个库种的知识，需要通过知识库流转进行采集、维护和撤销，"储备知识"库种的知识不需要进行知识库流转，可以直接进行发布。

（二）国家级、省级、市级、县级等各级用户，均可以根据本单位实际情况灵活配置知识流转流程，具体如下：

①知识采集：系统设定各级的基本流转流程包括"知识采集""初审"和"发布"等环节，"复审""终审"以及跨级审核等环节可通过系统设定是否启用；在知识库初装阶段，必要时也可采取不启用审核流程，以及系统自动发布等形式。

②知识维护：知识维护应由具有维护权限的用户发起，流转流程与知识采集一致。

③知识撤销：系统设定各级的基本流转流程包括"申请撤销""初审"和"知识撤销"等环节，"复审""终审"等环节可通过系统设定是否启用。